MARCO POLO

Spanien

Reisen mit **Insider Tipps**

W0191255

ATLANTISCHER OZEAN — DEUTSCHLAND — FRANKREICH — ÖSTERREICH — SCHWEIZ — SLO — PORTUGAL — Bilbao — ANDORRA — ITALIEN — Lissabon — Madrid — Barcelona — Korsika (F) — SPANIEN — Valencia — Sardinien (I) — Málaga — Balearen — Gibraltar (GB) — Mittelmeer — MAROKKO — ALGERIEN — TUNESIEN

Diesen Reiseführer schrieb Andreas Drouve,
der seit vielen Jahren als freier Autor und
Journalist in Spanien arbeitet.

www.marcopolo.de

Infos zu den beliebtesten Reisezielen
im Internet, siehe auch Seite 154

SYMBOLE

MARCO POLO INSIDER-TIPPS:
Von unseren Autoren für Sie entdeckt

★ **MARCO POLO HIGHLIGHTS:**
Alles, was Sie in Spanien kennen sollten

🔻 **HIER HABEN SIE EINE SCHÖNE AUSSICHT**

🏃 **WO SIE JUNGE LEUTE TREFFEN**

PREISKATEGORIEN

Hotels	
€€€	über 140 Euro
€€	80–140 Euro
€	bis 80 Euro

Die Preise beziehen sich auf ein Doppelzimmer pro Nacht ohne Frühstück. Der Preis kann saisonabhängig stark schwanken.

Restaurants	
€€€	über 20 Euro
€€	12–20 Euro
€	bis 12 Euro

Die Preise gelten für ein Hauptgericht beziehungsweise für ein einfaches Tagesmenü, jeweils ohne Getränke.

KARTEN

[164 A1] Seitenzahlen und Koordinaten für den Reiseatlas Spanien und die Karten zu Barcelona und Madrid

[0] außerhalb des Kartenausschnitts

Karten zu Bilbo (Bilbao), Granada, Sevilla und València finden Sie im hinteren Umschlag.

Zu Ihrer Orientierung sind auch die Orte mit Koordinaten versehen, die nicht im Reiseatlas eingetragen sind.

GUT ZU WISSEN

INHALT

Die wichtigsten
MARCO POLO Highlights

Sehenswürdigkeiten, Orte und Erlebnisse, die Sie nicht verpassen sollten

 Fallas de València
Freudenfeuer auf valencianisch – zu San José im März lösen sich gigantische Pappmaché-figuren in Rauch auf (Seite 26)

 Semana Santa
Im Fackelschein, vermummt und in langen Gewändern begeben sich Büßer auf ihre Karprozessionen (Seite 26)

 Museo Guggenheim
Ein Schachtelwerk der Formen im silbrigen Glanz aus Titan: das Museum für moderne Kunst in Bilbo (Bilbao) (Seite 35)

 Donostia (San Sebastián)
Prachtpromenaden um die Muschelbucht, Tapasfreuden in der Altstadt (Seite 37)

 Picos de Europa
Gebirgsriesen in Küstennähe, mit der Seilbahn ab Fuente Dé in Schwindel erregende Höhen (Seite 45)

 Catedral de Santa María
Monumentale Kirchenbaukunst in Burgos, von der Unesco zum Kulturerbe der Menschheit erklärt (Seite 55)

 Santiago de Compostela
Pilgerströme zum Apostelgrab, vibrierendes Treiben in der Altstadt (Seite 63)

Muschelbucht und Prachtpromenaden: Atlantikbad San Sebastián

Grandiose Ausblicke: Picos de Europa

 Parque Nacional Ordesa y Monte Perdido
Im Herz der Pyrenäen auf Wandertour zum »Pferdeschwanz«-Wasserfall (Seite 70)

 Gaudís Barcelona
Wie es Meister Antoni Gaudí mit Sagrada Família, La Pedrera und Parc Güell auf die architektonische Spitze getrieben hat (Seite 80)

 Teatre-Museu Dalí
Ein einzigartiges surrealistisches Kuriositätenkabinett in Figueres, von Genie Salvador Dalí selbst gestaltet (Seite 85)

 Museo del Prado
Kunstmuseum ersten Ranges, das im Herzen Madrids mit Werken von Rembrandt bis Goya lockt (Seite 106)

 Segovia
Gelungene Kombination in der Altstadt: Aquädukt aus der Römerzeit, Schlemmertempel von heute (Seite 112)

Römischer Aquädukt in Segovia

 Toledo
Grandioses historisches Viertel mit verwinkelten Gassen und Monumentalbauten (Seite 115)

 Mezquita und Judería
Einst im Namen Allahs erbaut: Córdobas alte Moschee mit Säulenwald und natürlichen Lichterspielen (Seite 129)

 Alhambra
Ein Stück Morgenland im Abendland mit Blick auf die Sierra Nevada – Maurenerbe erster Güte in Granada (Seite 130)

 Die Highlights sind in der Karte auf dem hinteren Umschlag eingetragen

Entdecken Sie Spanien!

Burgen und Klöster, Strände und Berge – und Überraschungen in jedem Landeswinkel

Der Aufzug stürzt hinab in den Schacht. Lichter zucken, aus den Lautsprechern zischt und heult es, ein paar Gäste drücken sich verängstigt gegen die Wände. Mit einem kräftigen Ruck stoppt der Lift in Galerie 8. »Alles raus!« ruft Ángel, lacht über die Wirkung der Special Effects und setzt hinzu: »Willkommen im Stollen, 600 m tief, alles simuliert!« Ángel ist Kumpel in der örtlichen Kohlezeche und führt an freien Tagen Besucher durch das Minenmuseum im asturischen El Entrego. Die Abfahrt ins Schattenreich ist im Eintrittspreis enthalten; im Halbdunkel schart sich das Grüppchen um den Bergmann. »Alles gefahrlos und nachgebaut hier unten, kein Gestank und kein Schlamm wie bei uns im Alltag und Lärm nur vom Band«, sagt er. Bedrückend eng bleibt es trotzdem. Man duckt sich unter die niedrigen Balken der Gänge, zwängt sich hinter Ángel durch steile Schneisen hinauf. Unterwelt für Neueinsteiger, ein Hauch von Abenteuer …

Der im Herzen Asturiens gelegene Museumsstollen von El Entrego zeigt, welch breit gefächerte neue Wege Spanien im Tourismus be-

Stolz wie ein Spanier: Im Klischee steckt oft ein Körnchen Wahrheit

schreitet. Selbst aus industriellem Gepräge versteht das Land Kapital zu schlagen und Besucher damit in Bann zu ziehen. Trotz ungebremster Zugkraft all der goldgelben Strände und einer mehrere Tausend Kilometer langen Küste ist sich das gut 500 000 km² große *España* in den letzten Jahren mehr und mehr seines ungemein facettenreichen Binnenlands bewusst geworden.

Nach dem Motto »Spanien neu entdecken« driften Einheimische und Auswärtige vom puren Badeaufenthalt immer öfter in sattgrüne Täler und Berge ab. Statt Kokosöl- und Sangriaschwaden des Strandliegennachbarn atmet man den würzigen Duft von Gebirgskräutern ein, genießt die ländliche Ruhe und Idylle, durchwandert Kiefern- und Korkeichenwälder, beobachtet Adler

Sonne, Palmen, Mittelmeer: Das ist das klassische Spanien der Urlauber

Geschichtstabelle

25 000–8000 v. Chr. Spaniens Vorgeschichtler hinterlassen in Höhlen wie Pileta (Andalusien) und Altamira (Kantabrien) grandiose Felsbildkunst

3. Jh. v.–5. Jh. n. Chr. Römische Herrschaft, Ausbeutung der Goldvorkommen und weitflächiger Weinbau

7. Jh. Westgotische Herrschaft

ab 711 Maurische Heere überfallen Südspanien und dehnen ihren Herrschaftsbereich bis an die Pyrenäen aus; von Norden her beginnt bald die christliche Rückeroberung (Reconquista)

9. Jh. Wundersame Entdeckung des Apostelgrabes von Jakobus d. Ä. in Santiago; Beginn der Pilgerzüge auf dem Jakobsweg

ab 1031 Zerfall des maurischen Reiches in kleine Königreiche *(taifas),* fortschreitende Erfolge der Reconquista

1492 In Granada Fall des letzten maurischen Königreichs auf der Iberischen Halbinsel und Eroberung durch die »Katholischen Könige« Isabella von Kastilien und Ferdinand von Aragón; im Oktober desselben Jahres Entdeckung Amerikas durch Christoph Kolumbus im Dienst der spanischen Krone

ab 1516 Herrschaft des Habsburgers Karl I.

16./17. Jh. Spanien auf politischem und kulturellem Höhepunkt: Weltmacht und »Goldenes Zeitalter« (Cervantes, Lope de Vega, Velázquez, El Greco)

1588 Untergang der »unbesiegbaren« spanischen Armada im Eroberungskrieg gegen England

1704 Im Spanischen Erbfolgekrieg Verlust von Gibraltar an England

1808–1814 Unabhängigkeitskrieg gegen die Franzosen, die neuen Besetzer Spaniens

1931 Ausrufung der 2. Republik

1936–1939 Putsch von General Francisco Franco gegen die Republik; Spanischer Bürgerkrieg, Beginn der Diktatur

1975 Tod Francos, Wiedereinführung der Monarchie mit König Juan Carlos I

1982–1996 Regierungsära der Sozialisten unter Felipe González, 1986 EG-Mitgliedschaft

1996–2004 Regierung der konservativen Volkspartei unter José María Aznar

2004 Terroranschlag islamischer Extremisten in Madrid; Sieg der Sozialisten unter José Luis Rodríguez Zapatero bei den Wahlen

2008 Weltausstellung in Zaragoza

Kulturrevolution a la española: Der baskische Industriemoloch Bilbao hat sich als Kunstmetropole etabliert. Glanzstück ist das Guggenheim-Museum

und Geier. Ob in Andalusien, Galicien oder Navarra: Zurück zur Natur ist absolut trendy, was wiederum Übernachtungsangebote aus dem Boden hat schießen lassen. Landhotels verzeichnen Rekordzuläufe, alte Dorfhäuser und Gehöfte werden zu rustikalen Unterkünften umgebaut. Auch Reiterferien auf dem Land sind in, Thermalhotels schwimmen auf dem Hoch der Wellnesswelle. Darüber hinaus boomt der Abenteuertourismus mit Höhlentrips und Canyoning und sorgt für Pioniergefühle, da die Spots noch nicht abgegriffen sind wie andernorts. In die Reihe spanischer Neu- und Wiederentdeckungen gehört das große Erlebnis des Mittelalters: eine Tour auf dem Jakobsweg, dem *Camino de Santiago,* zum Grab des Apostels Jakobus im galicischen Santiago de Compostela. Von den Pyrenäenpässen Ibañeta und Somport zieht sich

der Weg rund 800 km weit gen Westen, von Klöstern, Kirchen und Burgen gesäumt. Zu den Highlights am Weg zählen die gotischen Kathedralen von Burgos und León, Pilgerherbergen bieten Wanderern und Radlern Unterkunft.

Über 50 Mio. Besucher pro Jahr können sich nicht irren, finden Tausende von Zielen und Hunderte von Gründen für eine Reise nach Spanien – und kommen mit Begeisterung wieder. *España* steht für einen faszinierenden Kultur- und Landschaftsmix, für wilde Fiestas und ein lockeres Leben mit ausschweifender Ausgeh- und Tapatradition. Stress ist für viele ein Fremdwort, nirgendwo kommt die Pflege des Magens zu kurz. Man nimmt sich ausgiebig Zeit für leibliche Genüsse, Gourmettrips und *vino* inklusive. In der Rioja und im Duerogebiet reifen vorzügliche rote Spitzenweine, Galicien ist für seine

> *Ein ungemein facettenreiches Binnenland*

weißen Albariños bekannt und das andalusische Jerez de la Frontera für seine Sherrys und Brandys. Spaniens Zutaten stimmen – nicht nur beim Trinken und Essen. In den südlichen Gefilden des Landes schlagen über 300 Sonnentage pro Jahr zu Buche. Grund genug für viele, ihrer verregneten mitteleuropäischen Heimat für immer den Rücken zu kehren und als *residentes* eine andere Lebensqualität zu genießen. Allerdings sind die Zeiten des Billiglands Spanien passé.

An den Mittelmeerküsten gilt nach wie vor: Wer Fun will, bekommt Fun. Torremolinos, Benidorm und Lloret del Mar zählen zu den unverwüstlichen Klassikern und bersten vor Musicbars, Diskos und sommerlichem Highlife. Wer hierhin reist, weiß, was er will. Gleiches gilt für jene, die Citytrips nach Madrid und Barcelona planen. Die Metropolen buhlen in gesunder Konkurrenz um die Gunst der Besucher, jede begeistert durch ihre eigene, unverwechselbare Art: Madrid mit dem lockeren Open-Air-Ambiente um die Plaza Mayor und musealer Hochkultur wie dem Prado, Barcelona mit einem Bummel über die Rambles und der bislang unvollendeten Sagrada Família des katalanischen Meisterarchitekten Antoni Gaudí. Die gigantische Sühnekirche zählt ebenso zum Welterbe der Unesco wie eine Reihe bekannter und weniger bekannter Stätten, die sich kreuz und quer über das Land verteilen und eigene Reisen wert sind: das Römerareal in Mérida, die Altstädte von Cáceres und Toledo, Asturiens präromanische Kirchen,

Segovia mit seinem Aquädukt und das zerklüftete Goldminengebiet Las Médulas. Im sonnendurchfluteten Süden geht Kunst- und Kulturliebhabern ohnehin das Herz auf, als Magnet lockt Andalusiens maurisches Erbe. In Granada, Córdoba und Sevilla berauscht man sich an einem märchenhaften Flair aus Tausendundeiner Nacht. Zwischen 711 und 1492 waren die orientalischen Fremdlinge auf der Iberischen Halbinsel präsent – und in jener Zeit wesentlich weiter entwickelt als die Spanier. Auch die stark bewehrten Burgen von Almería und Jaén gehen auf die Mauren zurück, im beeindruckenden Ronda stößt man zu altarabischen Bädern vor und betritt inmitten des Kastells von Jerez de la Frontera die Reste einer Moschee.

Die Qualität von Stränden und Meer ist landesweit – von unrühmlichen Ausnahmen abgesehen – oft gut bis exzellent und wird von der europäischen Umweltstiftung alljährlich mit Hunderten von Blauen Flaggen ausgezeichnet. In diesen Genuss kommen vor allem viele Strände des Atlantiks, der eine steigende Zahl von Besuchern begeistert. Statt sommerlich überfüllter »Badewanne Mittelmeer« geben manche den kühleren Temperaturen und dem raueren Umfeld des Nordens den Vorzug. Mit dem Vorteil, im küstennahen Hinterland in die wildromantischen Hochgebirgswelten der Picos de Europa oder in die Pyrenäen und Schutzgebiete wie den Parque Nacional de Ordesa y Monte Perdido und den Parque Nacional Aigüestortes abtauchen zu

Das große Erlebnis des Mittelalters: der Jakobsweg

können. Kulturelle Alternative: das Guggenheim-Museum in Bilbao mit seiner silbrig schimmernden Hülle aus Titan.

Kontraste über Kontraste, Berge über Berge. Nicht nur im hohen Norden werfen sich imposante Gebirgsbuckel auf. Mit einer Durchschnittshöhe von 650 m nimmt Spanien europaweit Platz zwei hinter der Schweiz ein. Im Zentrum breitet sich die Hochebene aus, die Meseta, im Norden Andalusiens wellen sich Olivenbaumhaine über die Hänge, weiter südlich kratzt die Sierra Nevada mit 3478 m an den Wolken. Im Winter setzt die Sierra weithin sichtbare Schneekränze auf und lockt von Dezember bis Februar Skisportfreunde an. Gen Osten gleiten die Berge ins Meer ab und gehen bei Almería in ein rotbraunes Halbwüstenszenario mit spärlichem Büschelbewuchs und Kakteen über – eine ideale Westernkulisse, durch

Höhlentrips und Canyoning: Boom des Aktivtourismus

die schon Leinwandstars wie Burt Lancaster und Clint Eastwood geprescht sind.

Spanien liege da wie ein Kontinent, der an Europa hängt und Europa nicht ist, hat der niederländische Romancier Cees Nooteboom einmal gesagt. Seit wenigen Jahren verzeichnet das Land einen riesigen Wirtschaftsboom und gehört währungspolitisch zur Eurofamilie – doch immer noch liegen Welten zwischen Spanien und Zentraleuropa. Nicht nur mit Blick auf das soziale System, das an allen Fronten leidlich hinterherhinkt. In den Arenen befördert man unverändert Stiere ins Jenseits, tritt zu wilden Tomaten- und Weinschlachten an, schützt die Siesta wie eine heilige Kuh und hält an der Zauberformel des ewigen *mañana* fest. Traditionen, kultiviertes Chaos, ein Schuss Exotik: All dies gibt dem Land seine besondere Note.

Im Hinterland der Costa de Almería: ein rotbraunes Halbwüstenszenario

Vom Flamenco bis zur Siesta

Tradition und Moderne gehen Hand in Hand – bestes Beispiel ist das Nebeneinander von Homoehen und der überkommenen Männerwelt der Stierkämpfe

Bevölkerung

Mit seinen 506 000 km^2 ist Spanien mehr als zwölfmal so groß wie die Schweiz, wird dabei aber nur von etwa 40 Mio. Menschen bewohnt. Im internationalen Vergleich nimmt sich die Bevölkerungsdichte mit knapp 80 Einwohnern pro Quadratkilometer damit recht gering aus. An der Spitze der Besiedlung steht die Hauptstadt Madrid mit 3,2 Mio. im Kernbereich und annähernd 6 Mio. Menschen im Großraum. Allerdings wohnen in Spanien nicht nur Spanier: Angelockt durch Arbeit und die vergleichsweise stabile Wirtschaftslage, hat das Land in den letzten Jahren riesige Einwanderungswellen geschluckt. Immigranten kommen vor allem aus Südamerika, speziell Ecuador und Kolumbien, doch auch aus dem nördlichen Afrika – als »Boat People« oder über die beiden spanischen Enklaven in Marokko, Ceuta und Melilla. Wie einst zu Wirtschaftswunderzeiten in Deutschland, weiß der Staat um die Notwendigkeit des Zuzugs. Spaniens Gebur-

tenrate steckt im tiefen Keller, die Gesellschaft überaltert, und die Zuwanderer sind bei der Art der Beschäftigung nicht wählerisch.

Blindenlotterie

Parkplätze, Rampen, behindertengerechte Zimmer – Spanien macht deutliche Fortschritte. Mit Blick auf soziale Fortschritte gehört die landesweit verbreitete Blindenorganisation ONCE (Organización Nacional de Ciegos Españoles) zu den Vorreitern. Sie unterhält Ausbildungszentren, vergibt Stipendien und hilft bei der Integration in den Arbeitsmarkt. Die dazu notwendigen Gelder werden in erster Linie durch den Verkauf von Losen rekrutiert. Diese bekommt man an winzigen ONCE-Kiosken oder bei Straßenverkäufern, die oft mit einem lautstarken, lang gezogenen »Para hoooyyy« auf die Ziehung am selben Abend aufmerksam machen.

Corridas de toros

Für viele Spanier sind Stierkämpfe *(corridas de toros)* selbstverständlich und aus der Volkskultur kaum wegzudenken, während sich die meisten Auswärtigen an dem ebenso blutigen wie unfairen Spektakel stoßen und

Authentischen Flamenco erleben Sie am ehesten in Andalusien

*Heftig umstritten: Befürworter wie Gegner des Stierkampfs
können bedenkenswerte Argumente für ihre Position anführen*

die begeisterten Schilderungen Ernest Hemingways (»Fiesta«, »Tod am Nachmittag«) nicht nachvollziehen können. Das stärkste Argument der Stierkampfbefürworter lautet, dass ohne die *corridas* die Zucht der Kampfstiere *(toros bravos)* schon längst erloschen wäre. Spanien ohne Stiere – welch eine nationale Katastrophe! Und noch ein Argument schieben die Befürworter hinterher: besser vier oder fünf Jahre lang frei auf der Weide und ein kurzes, schlechtes Ende als ein Leben in der Enge des Stalls mit Endziel Schlachthof.

Natürlich bewegen *corridas* Unmengen an Geld, von denen sowohl die professionellen Stierzüchter als auch die Toreros und ihre Teams *(cuadrillas)* profitieren. Viele Toreros werden in Spanien wie Fußballstars verehrt und fürstlich entlohnt. Ausgebildet werden sie in speziellen Schulen, in denen sie die Stierfech-terkunst *(tauromaquia)* erlernen. Stierkampf ist ohne Zweifel eine der letzten Domänen des *machismo,* Frauen haben sich in den Arenen *(plazas de toros)* auf Dauer nicht durchsetzen können. Auch eine durchaus erfolgreiche *matadora* wie Cristina Sánchez hat sich längst aus der Männerwelt der *corridas* zurückgezogen.

In den eigenen spanischen Reihen – vielleicht unter dem »zivilisierenden« Einfluss aus Mitteleuropa – hat sich das Blatt ein wenig zu wenden begonnen. Unlängst hat sich Kataloniens Metropole Barcelona offiziell zur ersten Antistierkampfstadt *(ciudad antitaurina)* erklärt. An heiligen Stätten des Stierkampfs wie Madrid mit der Arena Las Ventas oder Sevilla mit der Arena La Maestranza interessiert das jedoch herzlich wenig. Und in Provinzarenen geht das Töten vor allem im Rahmen von Patronatsfesten munter weiter. Oberstes Gebot für Stierkampfgegner: Nicht mit einem einzigen Cent Eintrittsgeld die Schlächterei unterstützen!

Wer sich dennoch eine *corrida* ansehen will, hat die Auswahl zwischen den teuren Plätzen im Schatten *(sombra)* und den preiswerteren in der Sonne *(sol);* auf der Mittelpreisschiene liegen Sonne und Schatten *(sol y sombra).* Eine *corrida* beginnt im Regelfall am späten Nachmittag gegen 17.30/18 Uhr und besteht aus sechs einzelnen Kämpfen, bei denen drei Toreros zum Einsatz kommen. Traditionelle Stierkampfsaison ist von März/April bis Oktober.

Eta

Zu Zeiten der Franco-Diktatur, als das Baskenland in jederlei Hinsicht unterdrückt wurde, ging 1959 aus radikalen Studentenkreisen die Terrororganisation Eta (Euskadi Ta Askatasuna, »Baskenland und Freiheit«) hervor. Ende der Sechzigerjahre begann die Eta ihren bewaffneten Kampf, der bis zum heutigen Tag andauert und knapp 1000 Menschenleben gefordert hat. Auch wenn der legale politische Arm der Eta, die Partei Batasuna, inzwischen verboten ist – die Haltung der Eta-Sympathisanten ist natürlich nicht erloschen, die Lenker und Denker sind geblieben bzw. rücken immer wieder nach. Gegenwärtig bleibt die Gewalt der Eta eines der brennendsten Probleme Spaniens. Zu den Opfern zählen vor allem Polizisten, Gemeinderatsmitglieder und Justizbedienstete. Trotz vielfacher Fahndungserfolge und einer intensivierten Zusammenarbeit zwischen spanischer und französischer Polizei hat man die Eta bis heute nicht in den Griff bekommen. Noch immer sind Schutzgelderpressungen von baskischen Industriellen an der Tagesordnung, selbst Mitglieder kleiner Ortsparlamente sind mit Bodyguards unterwegs. Für die Extremisten gibt es einzig die Unabhängigkeit – obwohl es vielen nicht einmal mehr darum zu gehen scheint, sondern lediglich um das Ausleben blinder Gewalt unter dem Deckmäntelchen »Freiheit fürs Baskenland«. Eine blutige, unsinnige Realityshow auf Spaniens Straßen. Ende offen.

2005 geriet die sozialistische Regierung Zapatero ins Kreuzfeuer der Kritik, als man ihr geheime Kontakte zu den Eta-Separatisten anlastete. Kein Geheimnis hingegen ist, dass die baskische Regionalregierung in ständigem Kontakt zu den einstigen Batasuna-Führern steht und sich der ein oder anderen Vorgabe der Terroristen beugt.

Familiennamen

Spanier können die Kette ihrer Ahnen mühelos zurückverfolgen, denn in manchen Dokumenten reihen sich die übernommenen Familiennamen *(apellidos)* über Generationen hinweg aneinander. Im Alltag werden jedoch nur die beiden aktuellsten benutzt: der erste Nachname vom Vater, gefolgt vom ersten Nachnamen der Mutter. Nehmen wir eine fiktive Carolina Pérez López als Beispiel, so hieß Carolinas Vater mit erstem Zunamen Pérez und die Mutter mit erstem Zunamen López. Für Auswärtige verwirrend ist, dass Eheleute – ob Frau oder Mann – ihren kompletten Namen immer behalten und auf dem Papier durch nichts ersichtlich ist, dass sie verheiratet sind.

Flamenco

Echter Flamenco ist alles andere als folkloristische Show, er ist ein Ausdruck tiefen, inneren Gefühls. Und so ist es kein Zufall, dass der Flamenco im heißen und heißblütigen Andalusien zur Perfektion reifte, entwickelt durch die einst aus Asien zugewanderten Zigeuner *(gitanos)*. Tanz *(baile)*, Gesang *(cante)* und Gitarrenspiel *(toque)* sind die drei Säulen des Flamencos, dessen Traditionen sich bis heute ständig weiterentwickeln. Mitunter fließen auch Strömungen aus Pop, Rock, Jazz und sogar Punk ein. Kommerzielle Flamencolokale *(tablaos)* in den andalusischen Zentren Granada, Córdoba und Sevilla bieten mitunter beachtliche Qualität. Ansonsten bekommt man aktuelle Querschnitte bei diversen Flamencofestivals geboten; besonders populär ist die Flamencobiennale in Sevilla in geraden Jahren.

Literatur und Film

Das Land von Miguel de Cervantes und Federico García Lorca hat bis heute nicht weniger als fünf Literaturnobelpreisträger gestellt – zuletzt Camilo José Cela (1916–2002, Nobelpreis 1989). Die neuere spanische Literatur ist im In- und Ausland im steten Aufwind begriffen, angeführt von Carlos Ruiz Zafón, der mit »Der Schatten des Windes« einen Weltbestseller landen konnte. Weitere bekannte Romanciers sind Enrique Vila-Matas, Javier Marías, Bernardo Atxaga, Antonio Muñoz Molina, Manuel Rivas und Josan Hatero. Die Werke von Arturo Pérez Reverte sind ein ums andere Mal verfilmt worden, darunter die Abenteuer des Kapitäns Alatriste (mit Viggo Mortensen) und »Die neun Pforten« (mit Johnny Depp, Regie Roman Polanski).

Apropos Film. Hier hat der aus der Mancha stammende Regisseur

Stilvolle Unterkünfte

Auf besondere Art in Spanien übernachten

Ob alte Klöster, Schlösser oder Burgen: Landauf, landab sind besonders attraktive unter ihnen in so genannte Paradores verwandelt worden, staatliche Hotels mit drei bis fünf Sternen und fast alle in historischen Mauern und oft spektakulärer Lage. Gemessen an internationalem Standard, bieten sie durchweg ein gutes Preis-Leistungs-Verhältnis und ziehen die Gäste mit ihrer regional ausgerichteten Küche in den kulinarischen Bann. Bis 2010 soll das Netz landesweit 100 Häuser umfassen. Unter *www. parador.es* können Sie nähere Infos (auch auf Englisch) abrufen. Kontakt in Deutschland: *Ibero Tours, Tel. 0211/864 15 20, Fax 864 15 29, www.iberotours.de.* Eine stilvolle Atmosphäre zeichnet auch die kleinen Landhotels der Kette Rusticae aus. Die Häuser haben viel Charakter und Charme – und nur wenige Zimmer. Hier darf man sich über persönlich gehaltenen Service freuen. *Rusticae, Tel. 902 19 97 17, Fax 902 36 00 87, www.rusticae.es*

Großartiges Erbe maurischer Kultur: die Alhambra in Granada

und Drehbuchautor Pedro Almodóvar erfolgreich den Nährboden für das spanische Gegenwartskino bereitet: mit einfallsreichen Storys, pikanten Szenen und krassen Typen. In seinen Frühzeiten wurde Almodóvar zum Aushängeschild der Madrider Kulturrevolution *(Movida Madrileña)* und verhalf aufstrebenden Schauspielerstars wie den inzwischen längst in Hollywood populären Antonio Banderas und Penélope Cruz zum Durchbruch. Mittlerweile ist Almodóvar selbst ein Star und doppelter Oscar-Preisträger: für den besten nichtenglischsprachigen Film »Alles über meine Mutter« und das Drehbuch von »Sprich mit ihr«. Ein weiteres Regiegenie ist Alejandro Amenábar, dessen Streifen »Mar adentro – Das Meer in mir« 2005 mit dem Oscar ausgezeichnet wurde – was nicht zuletzt an Javier Bardem lag, einem der begnadetsten Schauspieler in der Geschichte des spanischen Kinos.

Mauren

Zwischen 711 und 1492 waren die Mauren knapp 800 Jahre auf der Iberischen Halbinsel präsent – und ihre Spuren sind keineswegs verweht. Die Alhambra in Granada und die Mezquita in Córdoba zählen zu Spaniens Besuchermagneten schlechthin. Noch im heutigen Spanisch zeugen zahlreiche Wörter von den vielen fruchtbaren Neuerungen, die Spanien der maurisch-islamischen Kultur verdankt – in Kunst und Wissenschaft wie in Alltag und Küche. Auch die sommerkühlen Innenhöfe *(patios)* mit ihrem Wandschmuck aus bunten Kacheln *(azulejos)* gehen auf die Mauren zurück. Im Spanien unserer Tage ist das morgenländische Erbe außerdem ganz wörtlich in aller Munde: Süßsaure Marinaden, *escabeches,* sind ebenso arabischen Ursprungs wie zuckersüßes Gebäck und der *ajo blanco,* eine herzhafte Kaltschale aus zerstoßenen Mandeln, Knoblauch und Olivenöl.

Medien

Spanier sind begeisterte Zeitungsleser und Fernseher. Meist ordert man beim Bäcker »Brot und Zeitung«, *pan y periódico,* doch viele Spanier gehen liebend gern ins Café oder in die Bar. Dort lassen sich die kostenlos ausliegenden Blätter bei Kaffee oder Wein studieren. Vergebens wird man Magazine wie »Spiegel« oder »Focus« suchen – entsprechende Zeitschriften gibt es in Spanien einfach nicht. Die höchste Auflage erzielt nicht etwa ein seriöses Blatt wie »El País«, sondern die täglich erscheinende Sportgazette »Marca«.

Dazu passt, dass TV-Übertragungen von Fußballspielen die höchsten Einschaltquoten erreichen. Ebenfalls beliebt sind Soap-Operas und *tertulias,* stundenlange Gesprächsrunden über dies und das, die vor allem vormittags über den Bildschirm flimmern. Auch im Radio finden *tertulias* mehr Anklang. Zum festen TV-Tagesrhythmus gehören die Nachmittagsnachrichten des ersten Programms (TVE 1) um 15 Uhr und die Abendnachrichten um 21 Uhr. Jede Sendung dauert etwa 40–45 Minuten und wetteifert bei Blutbadszenen um die Gunst der Zuschauer – denn die Senderkonkurrenz der Privaten, Antena 3 und Tele 5, schläft nicht und fährt ebenfalls pietätlose Bilder auf.

Politische Gliederung

Spanien ist eine Monarchie mit einem parlamentarisch-demokratischen Regierungssystem. Der König fungiert als Staatsoberhaupt und ist gleichzeitig Oberbefehlshaber der Streitkräfte. Das Land setzt sich aus insgesamt 17 Autonomen Gemeinschaften *(Comunidades Autóno-*

mas) zusammen, vergleichbar mit den deutschen Bundesländern. Dies sind: Andalusien, Aragonien, Asturien, Balearen, Baskenland, Extremadura, Galicien, Kanarische Inseln, Kantabrien, Kastilien-La Mancha, Kastilien und León, Katalonien, Madrid, Murcia, Navarra, La Rioja und València. Mit Ceuta und Melilla gibt es noch zwei kleine Exklaven in Nordafrika (Marokko). Flächenmäßig größte Autonome Gemeinschaft ist Kastilien und León (94 224 km^2), die kleinste sind die Balearen (4992 km^2).

In der Politlandschaft bestimmen zwei große Parteien das Bild: die Sozialistische Arbeiterpartei PSOE und die konservative Volkspartei PP. Seit den Wahlen im Frühjahr 2004 stellt die PSOE mit José Luis Rodríguez Zapatero den Regierungschef.

Sexuelle Gleichberechtigung

Im einstmals erzkatholischen Spanien sind die Krusten mehr und mehr aufgebrochen, der öffentliche Umgang mit Sexualität hat sich normalisiert. Immer mehr Paare leben »wild« zusammen und schiffen sich – wenn überhaupt – erst jenseits der Dreißig in den Hafen der Ehe ein. Und das ist seit 2005 auch ganz legal für Personen gleichen Geschlechts möglich. Allen Einwänden aus konservativen Kreisen zum Trotz bereitete die sozialistische Regierung von José Luis Zapatero die gesetzliche Basis. Seitdem können Gays und Lesben zu »Mann und Mann« bzw. »Frau und Frau« getraut werden. Im baskischen Barakaldo nahm der dortige Bürgermeister die landesweit erste Eheschließung vor – eine historische Stunde.

Als Wirtschaftsfaktor spielen Spaniens Fischer nur noch eine Nebenrolle

Siesta

Die Siesta, jene legendäre Mittagsruhe von etwa drei Stunden (13.30/14 bis 16.30/17 Uhr), darf nicht als Ausgeburt spanischer Faulheit missverstanden werden. Sie hängt vielmehr mit den klimatischen Gegebenheiten zusammen: Man umgeht so die heißesten Arbeitsstunden, nimmt sich ausgiebig Zeit für die Hauptmahlzeit des Tages und ist im Gegenzug bis in die späten – kühleren – Abend hinein aktiv. Unter dem Strich arbeitet ein normaler Spanier sicher nicht weniger als sein mitteleuropäischer EU-Kollege.

Wirtschaft

Vom Land der Fischer und Bauern ist Spanien zu einer typischen Industrie- und Dienstleistungsgesellschaft erwachsen. Das Bruttoinlandsprodukt wächst jährlich um 3 Prozent, doch auch die Inflation ist mit 3,5 bis 4 Prozent im europäischen Vergleich hoch. Die offizielle Arbeitslosenquote bewegt sich um die zehn Prozent der aktiven Bevölkerung.

Zigeuner

Die so genannten Zigeuner, auf Spanisch *gitanos,* sollen vor Jahrhunderten aus dem asiatischen Raum her zugewandert sein und wurden schon zu Zeiten der Inquisition verfolgt. Allzu leicht wird eine gewisse »Zigeunerromantik« mit temperamentvollen Schönheiten und Flamenco verklärt, andererseits fristen viele *gitanos* ein Dasein am sozialen Tellerrand. Das hängt zum einen mit ihrer selbst gewählten Abschottung und der Pflege ihrer Traditionen zusammen, andererseits werden sie von der spanischen Gesellschaft nicht gerade mit offenen Armen aufgenommen.

Im Schlaraffenland der Tapas

Spanien macht mit Häppchen und Feinschmeckermenüs Appetit

Spanier sind echte Genussmenschen, die Essen und Trinken nicht als nüchterne Nahrungsaufnahme begreifen und sich ungern mit anspruchsloser Kost bescheiden. Mindestens ebenso wichtig wie das leibliche Wohl ist der Plausch zwischendurch. Mit Vorliebe lässt man sich zum ausgiebigen Tafeln nieder, wobei ein Essen im Restaurant durchaus zwei bis drei Stunden dauern kann. Dabei bekommen es Urlauber mit einer besonderen Tradition der Bewirtung zu tun, die eine Art innere Zeitverschiebung erfordert. Da der spanische Rhythmus nach hinten ausgelegt ist, beginnt man den Tag relativ spät mit einem bescheidenen Frühstück *(desayuno)* gegen 8 Uhr. Obgleich sich Hotelbuffets natürlich nach den Ansprüchen der Gäste richten, sind Müsli, Wurst- und Käsestullen Sache der Spanier nicht. Der Tagesauftakt mit starkem Milchkaffee *(café con leche)* und einem süßen Brötchen *(bollo suizo)* oder einem Croissant ist eher kärglich, aber umso mehr weiß man sich zu steigern!

Neben der bekannten Rioja zählt Spanien noch mehr als 40 weitere »DOs« – klassifizierte Herkunftsgebiete für Qualitätswein

Um die Mittagszeit, ab etwa 12/12.30 Uhr, schlägt in den Bars die erste große Stunde der Tapas, Appetithäppchen jedweder Art. Mit einem Gläschen Rotwein *(vino tinto)*, einem trockenen Sherry *(fino)* oder einem frisch gezapften Bier *(caña)* gibt man sich den Freuden der Schlemmerkleinkunst hin und stimmt sich auf das Mittagessen ein. Viele Bars sind kleine Schlaraffenländer für Tapas, deren Spannbreite von eingelegten Sardellen *(boquerones)* über Fleischbällchen *(albóndigas)* bis zu einem russischen Salat aus Kartoffeln, Ei und Mayonnaise *(ensaladilla rusa)* reicht. Die Tapas werden meist in glasgeschützten Auslagen präsentiert, was Sprachfremdlingen zugute kommt – man braucht einfach nur auf das Gewünschte zu deuten. In Städten wie Granada und León pflegt man die Tradition, Tapas kostenlos zum Wein oder Bier zu reichen; allerdings hat sich der Grundpreis in den letzten Jahren entsprechend erhöht, die Definition gratis trifft also nur begrenzt zu.

Das üppige Mittagessen *(comida)* steht ab 14/14.30 Uhr an. Zu später Stunde folgt ab etwa 21/21.30, oft auch erst gegen 22 Uhr das Abendessen *(cena)*, das man

Spanische Spezialitäten

Lassen Sie sich diese Köstlichkeiten gut schmecken!

botifarra – katalanische Schweinswurst, kalt oder heiß serviert

chipirones en su tinta – Tintenfische in der eigenen Tinte gekocht

chorizo – landesweit verbreitete Paprikasalami

churros – frisch gebackene Fettkringel, die man gerne in eine dickflüssige Schokoladensauce tunkt

cocido madrileño – mächtiger Eintopf nach Madrider Art mit Kichererbsen, Kartoffeln, Wurst, Speck und diversem Gemüse wie Bohnen und Möhren

cuajada – nordspanischer Schafsmilchjoghurt

fabada – deftiger asturischer Bohneneintopf mit Speck und Blutwurst

gazpacho – kalte andalusische Suppe mit Weißbrot, Tomaten, Paprika, Gurke, Zwiebeln, Knoblauch, Essig und Öl

jamón serrano – Spaniens legendärer luftgetrockneter Schinken, besonders schmackhaft aus den andalusischen Bergorten Jabugo und Trevélez

marmitako – baskischer Fischeintopf mit frischem Thunfisch, Kartoffeln, Tomaten, Zwiebeln, Knoblauch und Chili

migas – geröstete Brotwürfel, in Olivenöl mit Knoblauch gebraten; mitunter gibt man Gewürze, Wurst- und Speckstückchen hinzu

pa amb tomàquet – katalanisches Tomatenweißbrot, beträufelt mit Olivenöl

paella – ursprünglich aus València stammende Reisplatte, die in zahlreichen Varianten (Fisch, Meeresfrüchte, vegetarisch etc.) auf den Tisch kommt; die Basis besteht stets aus Safranreis, Öl und frischem Gemüse

queso de Cabrales – geruchs- und geschmacksstarker Blauschimmelkäse aus dem Bereich der nördlichen Picos de Europa

queso manchego – Schafsmilch-Hartkäse aus der Mancha

suquet de peix – katalanische Fischsuppe

tortilla de patata – Kartoffelomelett, ein Klassiker der einfachen (Tapa-)Küche

trucha a la navarra – Forelle auf Navarraart, belegt mit einer Scheibe *jamón serrano*

vieira – Jakobsmuschel mit festem Fleisch, beliebt in Galicien

ebenfalls gerne mit Tapas einläutet. Alternativ dazu lässt sich ein komplettes Abendessen durch eine ausgiebige Tapatour ersetzen. Dabei sollten Sie den Spaniern nacheifern, die von Kneipe zu Kneipe ziehen und immer Neues ausprobieren; in einer einzigen Bar hängen zu bleiben ist ganz und gar unüblich.

Mittags wie abends setzt sich die klassische Speisefolge aus drei Gängen zusammen: Vorspeise (*primer plato* bzw. *entrante* oder *entremés*), Hauptspeise (*segundo plato* oder *plato principal*) und Nachtisch (*postre*). Klassische Desserts sind Karamellpudding (*flan*), Milchreis (*arroz con leche*) oder die sahnige Cremespeise *natillas*. Den Schlusspunkt setzt man gerne mit einem Brandy und einem Kaffee, wobei man sich bei Letzterem auf einen Espresso (*café solo*), eventuell mit einem Schuss Milch (*cortado*) oder Schnaps (*carajillo*), beschränkt. Der bekannteste Tresterschnaps ist der aus Galicien stammende *orujo*. Ein typisch spanisches Erfrischungsgetränk ist die *horchata,* eine Art Mandelmilch.

In Spanien ist ein Abend- meist teurer als ein Mittagessen. Preisbewusste sind gut beraten, mittags ein Tagesmenü (*menú del día*) zu ordern, so wie es viele spanische Arbeiter und Angestellte während ihrer langen Mittagspause tun. Ein solches Menü kostet um die 10 Euro (auf dem Land mitunter weniger) und bietet ein sehr gutes Preis-Leistungs-Verhältnis. Meist kann man unter mehreren Vor- und Hauptspeisen und Desserts wählen, im Preis enthalten sind Brot, Wasser und Wein. Wasser kommt meist aus der Leitung und ist trinkbar, aber stark gechlort. Im Zweifelsfall

bestellen Vorsichtige zusätzlich ein Mineralwasser (*agua mineral*), entweder mit Kohlensäure (*con gas*) oder ohne (*sin gas*). Beim Wein darf man keinen erlesenen Tropfen zu einem Tagesmenü erwarten, eher einen Tafelwein (*vino de mesa*).

Wer in puncto Wein Ansprüche stellt, wird bestens bedient. Zu den wichtigen Anbauregionen von Qualitätsweinen zählen La Rioja, Katalonien, Navarra, Kastilien-León, Kastilien-La Mancha und Andalusien. Spanischer Sekt (*cava*), der überwiegend im hier *método tradicional* genannten Champagnerverfahren hergestellt wird, stammt fast ausnahmslos aus Katalonien. In letzter Zeit sind Weine aus dem Duerogebiet groß in Mode. Gute fassgereifte Tropfen sind die *crianzas,* auf höherem Niveau stehen die *reservas* und *gran reservas.*

Diese wiederum passen ideal zu einem abendlichen Feinschmeckermenü (*menú de degustación*), das mit seinen entsprechend kleinen Portionen durchaus acht bis zehn Gänge umfassen kann. Landesweit sind Spitzenrestaurants auf dem Vormarsch – im internationalen Vergleich hat sich Spanien nach ganz oben katapultiert und genießt einen exzellenten Ruf. Hier haben Köche aus Regionen mit langer kulinarischer Tradition wie Katalonien und dem Baskenland Pionierarbeit geleistet, darunter der zum Kultkoch avancierte Ferrán Adrià aus Roses an der Costa Brava und Juan Mari Arzak aus dem Baskenland. Was die preisgekrönten Köche mit den Küchenmeistern der kleinsten Tavernen verbindet, ist die Verwendung von ernte-, fang- und jagdfrischen Zutaten. Und natürlich von Knoblauch und Olivenöl.

Mode, Keramik und mehr

Echtes Kunsthandwerk lohnt ebenso den Kauf wie Delikatessen, Wein und Olivenöl

Flamencopüppchen »made in China«, komplette Jakobspilgersets mit Filzhut und wallendem Umhang, die heilige Maria als verschnörkelte Porzellanfigur – wer in Spanien Kitsch und Nippes will, der bekommt ihn. Einen genaueren Blick hingegen verdient all jenes Kunsthandwerk, das authentisch vor Ort gefertigte Handarbeit ist: von der Gitarre über Schmuck und Fächer bis hin zu Intarsienarbeiten. Mit entsprechender Liebe zum Detail geht man vor allem im Südteil des Landes zu Werke, wo Souvenirs den reißendsten Absatz finden.

Beliebt sind Keramikwaren in allen Farben und Größen, verwendbar als Zierobjekte oder Gebrauchsgegenstände: Teller, Untersetzer, Kerzenhalter, Becher, Salatschüsseln. Da Spanien kein Billiglohnland mehr ist, lässt sich schon durch einen Blick auf den Preis die Spreu vom Weizen trennen, sprich Massenware von individuelleren Artikeln. So auch auf dem Modesektor, auf dem spanische Designer international auf sich aufmerksam machen. Wer sparen will, sucht

Kitsch und Kunst liegen auch in Spanien oft dicht beieinander: Fächer in València

halt Filialen der Kette »Zara« auf; große Modeabteilungen fährt auch die Kaufhauskette »El Corte Inglés« auf. Wenig zu sparen gibt es bei guten Lederschuhen, da die Preise in den letzten Jahren stark angezogen haben; bei vermeintlichen Schnäppchen sollten Sie Komfort und Verarbeitung vor dem Kauf genauestens prüfen.

Dank touristischer Nachfrage ist echtes Kunsthandwerk wie das Töpfern nicht untergegangen bzw. mancherorts sogar zu neuem Aufschwung gelangt. Zu den Hochburgen zählen Sevilla, Granada, Manises bei València und La Bisbal bei Girona. Toledo ist für seine Keramik und seine geschmiedeten Klingen bekannt, in Galicien sind Klöppelspitzenarbeiten *(encajes)* von hervorragender Qualität. Im Vergleich zu daheim stechen Delikatessen wie Serranoschinken und Manchegokäse als wirkliche Preisknüller hervor. Auch kaltgepresstes Olivenöl *(aceite de oliva virgen extra)* und gute Weine mit geschützter Herkunftbezeichnung *(DO = denominación de origen)* sind zu empfehlen. Der Einkauf von Brandy und Sherry lohnt dagegen kaum, da das Preisniveau in etwa dem deutschen entspricht.

Feste, Events und mehr

Im Durchschnitt steigt in Spanien alle paar Minuten eine Fiesta – das ist Europarekord!

Feiertage

1. Januar *(Año Nuevo);* **6. Januar** *(Día de los Reyes Magos);* **Karfreitag** *(Viernes Santo);* **1. Mai** *(Fiesta del Trabajo);* **15. August** *(Asunción de*

Feuerwerk in Santiago

la Virgen); **12. Oktober** *(Día de la Hispanidad);* **1. November** *(Todos los Santos);* **6. Dezember** *(Día de la Constitución);* **8. Dezember** *(Inmaculada Concepción);* **25. Dezember** *(Navidad).*

Je nach Region kommen weitere Feiertage dazu. Fällt ein Feiertag auf einen Sonntag, ist meist der Montag Feiertag; fällt er auf Dienstag oder Donnerstag, macht man häufig eine »Brücke« *(puente)* zum bzw. vom Wochenende.

Feste und Veranstaltungen

Januar

Reyes Magos: am 5. Januar, dem Vorabend des Dreikönigstages, vielerorts bunte Umzüge.
Am 20. Januar *Stadtfest* in San Sebastián mit 24-stündiger Trommelparade *(tamborrada).*

Februar

Einer der Festpole des *Karnevals* ist Cádiz, wo man besonders ausgelassen feiert.

März

Am 19. März wird *San José* in València mit wahrem Feuereifer gefeiert: Bei den ★ *Fallas de València* gehen Hunderte Kolossalfiguren aus Holz und Pappmaché in Flammen auf.

März/April

Die ★ *Semana Santa,* die Karwoche, nimmt großen Raum im Festkalender ein. Bei zahlreichen Prozessionen sind die Mitglieder von Laienbruderschaften *(cofradías)* in gespenstischen Aufzügen unterwegs und rufen die

Passionsgeschichte ins Gedächtnis. Spitze Kapuzen und Tuniken verhüllen ihre Identität, manche gehen barfuß und schleppen gemeinschaftlich Aufbauten mit tonnenschweren Standbildern *(pasos)* durch die Straßen. In Sevilla, Málaga, Granada, Cuenca, Valladolid und León erlebt man die Karwoche besonders ergreifend. Außerdem *Trommelparade* im aragonesischen Calanda und Passionsspiele im andalusischen Riogordo.

April
In Sevilla *Feria de Abril* auf einem riesigen Festgelände.

Mai
Mitte Mai *Pferde-Feria* in Jerez de la Frontera.

Mai/Juni
Zu Pfingsten *Massenwallfahrt* mit geschmückten Karren und Traktoren ins andalusische El Rocío.

Juni
24. Juni: *San Juan,* das Mittsommerfest, geht vielerorts mit großen Feuern einher, die man in der Nacht zuvor entzündet. **Insider Tipp** In Galicien vielerorts eine *rapa das bestas,* Auftrieb halbwilder Pferde, die in Pferchen ihre Brandzeichen bekommen. Wichtige Veranstaltungen z. B. der *Curro de Torroña* am ersten (Oia/Pontevedra) und der *Curro de A Capelada* (Cedeira/ A Coruña) am letzten Junisonntag.

Juli
6.–14. Juli: *Fiesta de San Fermín* in Pamplona, eingehend von Ernest Hemingway in »Fiesta« beschrieben. Morgens um 8 Uhr Stiertreiben durch die Altstadt.
Riesiges Stadtfest mit Konzerten und Feuerwerk in Santiago de Compostela rund um den Gedenktag des heiligen Jakobus (25. Juli).

August
Anfang/Mitte des Monats zehntägiges *Flamencofestival* in La Unión (Murcia).
Mysterienspiel *(Misterio de Elche)* der Stadt Elx am 14./15.
Ende August *Tomatenschlacht* von Bunyol (València).

September
Um den 20. *Weinfest* in Logroño (La Rioja).

Dezember
Jahreswechselfiesta in Madrid: Zu jedem der von der Puerta del Sol im TV übertragenen Glockenschläge isst man eine Glückstraube.

Semana Santa in Andalusien

Im grünen Norden

**Kontraste über Kontraste:
das Blau des Atlantiks, das Grün der Weiden,
die Brauntöne alter Kirchen und Steindörfer**

Fjorde und Vogelinseln, Strände und Fischerhäfen, dazu Gaumenfreuden und küstennahe Gebirgszüge, Stadt- und Museumskultur: Spaniens grüner Norden lässt kaum Wünsche offen, hat aber seine Tücken: Der Atlantik erwärmt sich im Sommer kaum über 20 Grad, und zu jeder Jahreszeit brauen sich dunkle Regenwolken zusammen und halten das Pflanzenkleid frisch. Die Küste ist durchweg stark zergliedert und zeichnet sich durch versteckte, kleine Strände aus. Längere Sandbänder wie in Santander und Donostia sind eher die Ausnahme.

Die Menschen sind rau, aber herzlich, und auf den ersten Blick verschlossener als im Süden. Auch Bräuche und Mentalität beanspruchen eine landesweite Sonderstellung: Im Baskenland pflegt man rustikale Landsportwettbewerbe wie Steinestemmen, in Galicien gibt die Frau auf dem Land den Ton an, zum asturischen und galicischen Fiestavergnügen gehören Dudelsackspieler, die das keltische Erbe pflegen. Im Baskenland und in Galicien sind die eigenen Sprachen *euskera* und *galego* in Gebrauch – im Fernsehen, in Zeitungen, auf Schil-

Allgäu? Tirol? Engadin? Lago Ercina in den Picos de Europa!

Holzbalkone und -verkleidungen: typisch für die Architektur im Norden

dern. So heißt La Coruña auf Galicisch A Coruña, San Sebastián auf Baskisch Donostia, das Baskenland Euskadi.

A CORUÑA (LA CORUÑA)

[164 B1] ★ Immer wieder die alten Römer. Vor fast 2000 Jahren drückten sie der vormaligen Keltensiedlung ihren Stempel auf und zogen am Ende einer breiten, zerfransten Landzunge den Herkulesturm in die Höhe. Auf seiner Spitze entfachte man einst richtige Signalfeuer. Heute wirft er sein künstliches Licht zur natürlichen Hafeneinfahrt gen Osten und nach Westen zur Ensenada del Orzán, einem Meerbusen mit den städtischen Badestränden Riazor und Orzán.

Verglaste Erker und Loggien prägen die Häuser an der Avenida de la Marina

Der historische Kern der Provinzhauptstadt (245 000 Ew.) liegt an der Ostflanke der Halbinsel und umfasst die Plaza de María Pita, die Plaza de Santo Domingo und die kleine Parkanlage Jardín de San Carlos. Wichtigste Kirchen sind die Iglesia de Santa María del Campo und die Iglesia de Santiago (beide romanisch), der spätgotische Convento de Santa Bárbara und die barocke Iglesia de Santo Domingo. Westlich der Altstadt schließen sich die Grünanlagen Jardines de Méndez Núñez und Rosaleda sowie die Avenida de la Marina mit ihren schönen Glasgalerien an. Wegen der Vielzahl der verglasten Erker und Loggien nennt sich La Coruña gerne *ciudad cristal,* »Glasstadt«.

Aquarium Finisterrae

Zu den rund hundert verschiedenen Fischarten gehören typische Meeresbewohner der Küsten Galiciens wie Seeaal und Seehecht. Didaktische Schwerpunkte liegen auf Umweltgedanken und Ökosystemen. *Juli/Aug. tgl. 10–21, Sept.–Juni Mo–Fr 10–19, Sa/So 10–20 Uhr, Paseo Marítimo*

Parque de Santa Margarita

Stadtpark westlich der City mit dem Planetarium und dem Haus der Wissenschaften *Casa de las Ciencias (Juli/Aug. tgl. 11–21, Sept.–Juni tgl. 10–19 Uhr; www.casaciencias.org, hier Infos zu günstigen Kombitickets, die auch für Domus und das Aquarium gelten).*

Torre de Hércules

Einsam und klobig steht er seit dem 2. Jh. hoch über dem Meer und schraubt sich 60 m in die Höhe. Seit der Römerepoche ist allerdings nicht alles unangetastet geblieben, Ende des 18. Jhs. wurde der alte Leuchtturm umfangreich renoviert. Lohnender Ausblick auch vom umliegenden Plateau; hinauf geht es 242 Stufen. *Okt.–März tgl. 10–18, April–Juni und Sept. 10–19, Juli/Aug. 10–21 Uhr; im Juli/Aug.*

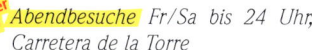

Abendbesuche Fr/Sa bis 24 Uhr, Carretera de la Torre

MUSEEN

Domus – Casa del Hombre
Interessante interaktive Ausstellung zur Entwicklungsgeschichte des Menschen, ein Museumsrenner in Nordspanien. *Juli/Aug. tgl. 11–21, Sept.–Juni 10–19 Uhr, Santa Teresa 1*

Museo Arqueológico e Histórico
Archäologisch-historisches Museum in der prächtigen Festung San Antón, die sich zwischen Sport- und Haupthafen schiebt. *Di–Sa 10–19 (Juli/Aug. bis 21), So 10–14.30 (Juli/Aug. bis 15) Uhr*

ESSEN & TRINKEN

A Cancela
Beliebte Adresse für den kleinen Hunger zwischendurch. *Barrera 16, Tel. 981 22 94 71, €*

Pardo
Erlesene regionale Küche, die Feinschmecker als eine der besten in ganz Galicien rühmen. *Novoa Santos 15 b, Tel. 981 28 71 78, €€€*

Tapas
Gute Kneipentreffs und Ausgehzonen um die *Calle de la Estrella* und die *Calle de la Franja*, außerdem *Calle de la Galera, Calle de los Olmos* und *Calle Barrera.*

ÜBERNACHTEN

Alborán
Gut geführtes Cityhaus. *30 Zi., Riego de Agua 14, Tel. 981 22 65 79, Fax 981 22 25 62, €*

Plaza
Komfortable drei Sterne, an Wochenenden oft Sondertarife. Mit Restaurant. *82 Zi., Fernández Latorre 45, Tel. 981 29 01 11, Fax 981 29 02 11, www.hotelplaza.info, € – €€*

MARCO POLO Highlights
»Atlantikküste«

★ **A Coruña (La Coruña)**
Majestätischer Herkulesturm zwischen Hafeneinfahrt und Badebucht (Seite 29)

★ **Picos de Europa**
Urige Dörfer in grandioser Bergwelt (Seite 45)

★ **Santillana del Mar**
Adelspaläste und klobiges Pflaster in dem wunderschönen kantabrischen Örtchen (Seite 51)

★ **Donostia (San Sebastián)**
Eleganz und pulsierendes Leben: die aufregende Stadt an der Muschelbucht (Seite 37)

★ **Museo Guggenheim**
Kunsttempel in Titanhülle in der baskischen Metropole Bilbo (Bilbao) (Seite 35)

★ **Ria de Santa Marta de Ortigueira**
Vogelgekreisch über einem galicischen Traumfjord (Seite 33)

In Galicien präsentiert sich die Küste mit Fjorden (»rias«) wie in Norwegen

Plaza de María Pita, Tel. 981 18 43 44, Fax 981 18 43 45, www.aytolacoruna.es

ZIELE IN DER UMGEBUNG

Lugo   [164 C2]

Knapp 100 km südöstlich von A Coruña, eine von vier galicischen Provinzhauptstädten (90 000 Ew.). Ihr kompletter Kern wird auf einer Länge von 2,1 km von der sagenhaften römischen Stadtmauer umschlossen, die **als breite Spaziermeile ausgebaut** ist und zum Weltkulturerbe der Unesco zählt. Aus der Altstadt ragt die *Catedral de Santa María* auf, das Leben pulsiert rund um die *Praza Maior* (dort die *Oficina de Turismo, Tel. 982 23 13 61*). Preiswerte Unterkunft finden Sie im *Hostal Buenos Aires (15 Zi., Praza Comandante Manso 17, Tel. 982 22 54 68, €)*.

Insider Tipp

Rias Altas   [164 A–C 1–2]

Zwei landschaftlich einzigartige Strecken führen von A Coruña zu den Rias Altas, Galiciens fjordartigen Meeresarmen. Die Nordostroute führt an der Ria de Betanzos und Francisco Francos Geburtsstadt Ferrol vorbei und erreicht in *Cedeira* eines der stimmungsvollsten Fischerstädtchen Galiciens. Es liegt an der weit verästelten Ria de Cedeira. Solide Unterkunft bietet im Sommerhalbjahr das *Hostal Chelsea (20 Zi., Praça Sagrado Corazón 10, Tel. 981 48 23 40, €)*.

Von hier aus lohnt sich ein kurzer Abstecher hinauf in die *Serra de Capelada,* deren raue Klippen bis zu 600 m tief abfallen. An den Westhang des Gebirgszugs duckt sich *San Andrés de Teixido,* ein malerisches Örtchen mit schönem Seeblick und einem Sanktuarium, in dem die Gläubigen schon seit Urzeiten eine Reliquie des heiligen Andreas verehren. Ein paar Souvenirshops bieten allerlei Nippes, »Andreas-Andenken« und »Wunderkräuter« an.

Ab Cedeira windet sich die C 646 durchs Inland und zieht sich um die ★ *Ria de Santa Marta de Ortigueira,* einen weiteren Traumfjord Galiciens, Lebensraum zahlreicher Vogelarten. Hier lädt in *Ortigueira* das *Hostal La Perla (22 Zi., Avenida de la Penela, Tel. 981 40 01 50, Fax 981 40 01 51, €)* zum Verweilen ein.

Auf dem Weg gen Osten nach Viveiro verlockt die leuchtturmbesetzte Landspitze von *Bares* zu einem Abstecher. In *Viveiro* können Sie durch die von zahlreichen Glasbalkonen geprägten Altstadtgassen bummeln. Recht preisgünstige Unterkunft im kleinen Hotel *Dolusa (15 Zi., Suasbarras 14, Tel. 982 56 08 66, Fax 982 55 06 55, €).*

Ab Viveiro führt die N 642 über Burela und Foz nach Ribadeo, unterwegs sind immer wieder Abstecher zu kleinen Badestränden möglich. Ein Traumstrand ist die *Praia das Catedrais,* der so genannte Kathedralenstrand, da bei Ebbe große Felsformationen zurückbleiben. Wer sich hier in die Fluten stürzt, muss stets mit starkem Wellengang rechnen. Der tiefe Einschnitt der Ria de Ribadeo bildet die Grenze zu Asturien. In *Ribadeo* Infobüro an der *Praza de España (Tel. 982 12 86 89).*

Auf der Südwestroute durchfahren Sie ab A Coruña die erfrischend grüne Szenerie des Binnenlands und erreichen mit der *Ria de Corme e Laxe* einen besonders schönen Fjord. Passend dazu das heimelige Strand- und Fischerörtchen *Laxe,* das einfache Unterkunft im *Hostal Beiramar (14 Zi., Rosalía de Cas-*

tro 30, Tel./Fax 981 72 81 09, €) bietet.

Weiter südwestlich eröffnet sich ein weiteres Highlight unter Galiciens oberen Meeresarmen: die *Ria de Camariñas* mit ihrem Hafenort *Muxía.* Außerhalb des Ortskerns liegt das *Santuario de Nosa Señora da Barca* (18. Jh.), ein von den Fischern verehrtes Heiligtum. Übernachtung in Muxía im *Hostal La Cruz (25 Zi., Avenida López Abente 44, Tel./Fax 981 74 20 84, €).* In der Gegend werden die althergebrachten Klöppelspitzenarbeiten mit Hingabe gepflegt, so in Vimianzo und Camariñas.

Südlich von Muxía schieben sich die Kaps *Touriñán* und ◣ *Fisterra* (»Ende der Welt«) ins Meer. Die Aussicht über Klippen und Meer ist großartig. Zu keltischen Zeiten hielt man über dem Kap religiöse Kulte ab, im Mittelalter setzten viele Jakobspilger ihre Reise bis ans »Weltende« fort und setzten sich – nach damaligem Glauben und Wissen – an den Tellerrand der Erde. Einkehren oder nächtigen können Sie gleich neben dem

In Klöppelspitzen Spitze: Camariñas

Leuchtturm in der *Hospedería O Semáforo (5 Zi., Tel. 981 72 58 69, Fax 981 74 08 07, €–€€)*. Übernachtungsalternative ist das preisgünstige Hotel *A Langosteira (10 Zi., Avenida da Coruña 57, Tel. 981 74 05 43, €)*, kleine Wein- und Tapabars finden Sie gleich hinter den Fischhallen. Je nach Wetter und Jahreszeit starten im Hafen kleine Bootstrips die Küste entlang.

BILBO (BILBAO)

 Karte in der hinteren Umschlagklappe

[166 C1] Kranhälse über Bilbao, Bagger, Baustellen. Eine Metropole (im Kernbereich 370 000 Ew.), die ständig an sich und ihrem Image arbeitet. Bis vor wenigen Jahren war die größte Stadt Euskadis der Inbegriff der Reizlosigkeit, verbaut und industriell verseucht. Funktional, viele Arbeitsplätze, aber grau und grauslig, ein trister Schandfleck im breiten Tal des Río Nervión. Nun haben sich – im Rahmen der Möglichkeiten – die Bilder gewandelt.

Dank selbst auferlegtem Großreinemachen hat das baskische Bilbo, eine atlantiknahe Stadt, die sich einst aus einer Fischersiedlung entwickelte, ungeahnte Sprünge nach vorn getan und sich zu einer führenden Kunst-, Kongress- und Kulturadresse gewandelt. Im Rahmen eines riesigen Sanierungsprogramms haben Stadtväter und -mütter mit verfallenen Fracht- und Industrieanlagen am Río Nervión aufgeräumt, internationale Stararchitekten Akzente gesetzt: Santiago Calatrava mit dem Airportgebäude in Form einer weißen Taube, Sir Norman Foster mit der avantgardistisch ge-

stylten U-Bahn und Frank O. Gehry mit dem Guggenheim-Museum für moderne Kunst, dem eigentlichen Impulsgeber der Stadterneuerung und einem Magneten für über 1 Mio. Besucher pro Jahr. Bis auf den Parque de Doña Casilda de Iturrizar sucht man Grünanlagen in der City zwar vergeblich, doch ziehen sich neuerdings geschmackvoll angelegte Flusspromenaden vom Museumsbau in die Altstadt, vorbei an Calatravas weißer Zubizuri-Brücke und der Rathausfront bis zum Teatro Arriaga.

SEHENSWERTES

Puente Colgante

Die älteste Hängebrücke der Welt spannt sich zwischen den Vororten Las Arenas und Portugalete über den Nervión, 1888 eröffnet und auf den neuesten Stand der Moderne gebracht. An den Ufern tragen Panoramaaufzüge Mutige hinauf – eine gute Gelegenheit, den Fluss über den Fußweg in 50 m Höhe zu überschreiten. Tief unter den Balken glitzert das Wasser, der Blick schweift durch Schutzgitter bis zum Haupthafen Bilbaos. Die »Schwebefähre« ist rund um die Uhr in Betrieb, der Fußweg *(pasarela) tgl. 10 Uhr–Sonnenuntergang. www.puente-colgante.com*

Siete Calles

Die gemütliche Fußgängerzone der »Sieben Straßen« markiert das Herz der Altstadt. Namen wie Tendería und Carnicería weisen auf die einst ansässigen Krämer und Fleischer hin. Das heutige Miteinander umfasst kleine Geschäfte, Bars und die *Catedral de Santiago* (16.–19. Jh.). Am Rand der Altstadt breitet sich das riesige Geviert der von Lauben-

Die Plaza Nueva ist der ideale Ort für eine Tapa- oder Kaffeepause

gängen umzogenen *Plaza Nueva* aus – ideal für eine Pause im Café.

MUSEEN

Museo de Bellas Artes

Museum der schönen Künste mit alten Meistern wie El Greco und Francisco de Zurbarán, neuere Werke von Paul Gauguin und Francis Bacon, baskische Kunst von Ignacio Zuloaga und Gustavo Maeztu. Außerdem Wechselausstellungen. Mittwochs ist der Eintritt frei. *Di–Sa 10–20, So 10–14 Uhr, Plaza del Museo 2, www.museobilbao.com*

Museo Guggenheim

★ Spektakuläre Architektur! Wie ein gigantisches Schiff erhebt sich Frank O. Gehrys 1993–1997 erbautes Werk an den Ufern des Nervión, verströmt mit seiner Hülle aus Titan silbrigen Glanz und schachtelt sich in phantasievollen Formen auf. Die hauchdünnen Titanplatten wirken wie Fischschuppen, weitere markante Elemente sind Kalkstein und Glas. Im Inneren gibt das 50 m hohe, verglaste Atrium den Weg vor, von hier aus fließen die Zugänge zu 19 Galerien ab, die längste misst 130 x 30 m und ist frei von tragenden Elementen. Es gibt keine ständige, sondern stetig wechselnde Ausstellungen von unterschiedlicher Qualität – die wahre Kunst ist das Museum selbst. Zu den wenigen dauerhaft präsenten Werken zählen eine Displayinstallation Jenny Holzers und Richard Serras »Snake« aus gewalztem Stahl sowie, auf der Esplanade vor dem Hauptzugang, Jeff Koons' Blumenhundskulptur »Puppy«. *Juli/Aug. tgl. 10–20, Sept.–Juni Di–So 10–20 Uhr, Abandoibarra 2, www.guggenheim-bilbao.es*

Museo Marítimo Ría de Bilbao

Hafen, Fluss und Handelsaktivitäten – auf einem eigens hergerichteten alten Werftgelände an der Euskalduna-Brücke greift das neue Museum die großen Themen Bilbaos auf. *Di–So 10–20 Uhr, Muelle Ramón de la Sota 1, www.museomaritimobilbao.org*

Museo Vasco
Baskische Volkskunde und Archäologie. *Di–Sa 11–17, So 11–14 Uhr, Plaza Unamuno 4*

ESSEN & TRINKEN

Goizeko Kabi
In dem Feinschmeckertempel hinter unscheinbarem Eingang herrschen elegante Wohnzimmeratmosphäre und ein freundlicher Service. Hier zaubert man je nach Marktangebot raffinierte Köstlichkeiten wie junge Taube, gratiniert mit Idiazabalkäse, oder Krakenoblate mit einem Kranz aus Kaisergranat. *Particular de Estraunza 4, Tel. 944 42 11 29, €€€*

La Taberna de los Mundos
Gute Adresse für preisgünstige Menüs. *Simón Bolívar 17, Tel. 944 41 35 23, €*

Tapas
Gute Auswahl rund um die Plaza Nueva und im Bereich Siete Calles, besonders nette Dekorationen im *Café Iruña* an den Jardines de Albia.

Insider Tipp

EINKAUFEN

Bilbos Einkaufsmeile par excellence ist die Gran Vía, u. a. mit dem Großkaufhaus *Corte Inglés*. Im *Mercado de la Ribera,* den 1929 am Nervión eröffneten Markthallen, ist die Fischabteilung sehensund riechenswert.

Insider Tipp

ÜBERNACHTEN

Nervión
Modernes Haus der Hotelkette Barceló, ideale Lage am Fluss zwischen Altstadt und Guggenheim-Museum. Je nach Auslastung mitunter sehr gute Angebote. Mit Garage und Restaurant. *348 Zi., Paseo Campo de Volantín 11, Tel. 944 45 47 00, Fax 944 45 56 08, €€–€€€*

Ripa
Zentral nahe dem Teatro Arriaga. Alle Zimmer mit Bad, Telefon, TV. *15 Zi., Ripa 3, Tel. 944 23 96 77, Fax 944 23 18 16, www.hotel-ripa. com, €*

AM ABEND

Populäre Cocktailbars sind das *JK (Iturriza 1)* und das *J. M. (Heliodoro de la Torre 4),* Bier und Livemusik gibts im *Beer House (Avenida de Madariaga 2).* Gute Kneipengegend um die Siete Calles.

AUSKUNFT

Plaza del Ensanche 11, Tel. 944 79 57 60, Fax 944 79 57 61, www.bilbao.net

ZIEL IN DER UMGEBUNG

Gernika (Guernica)   **[166 C1]**
Einstmals heilige Stätte der Basken, in der man Versammlungen unter einer großen Eiche abhielt. 1937, mitten im Spanischen Bürgerkrieg, wurde die heutige 16 000-Ew.-Stadt 30 km östlich von Bilbao durch einen Luftangriff der deutschen Legion Condor zerstört. Der alte Eichenstumpf des *Árbol de Ger-*

Reich bemalt sind die Fenster des Regionalparlaments in Gernika

nika ist in einem Ehrentempelchen am Regionalparlament von Bizkaia ausgestellt. Außerdem sehenswert sind das Baskenlandmuseum *(Museo de Euskal Herria, Di–Sa 10–14 und 16–19, So 10–13.30 Uhr)* in einem wappengeschmückten Palais aus dem 18. Jh. sowie die Skulpturen von Henry Moore und Eduardo Chillida im *Parque Europa.* Vorausgesetzt, das Parlament *(Casa de Juntas)* tagt nicht, steht Besuchern der reich ausgemalte Plenarsaal offen. Traurigen Weltruhm hat Guernica durch Pablo Picassos gleichnamiges Antikriegsgemälde erlangt, doch das hängt im Museum Reina Sofía in Madrid. Auskunft: *Artekalea 8, Tel. 946 25 58 92, Fax 946 25 32 12, www.gernika-lumo. net*

DONOSTIA (SAN SEBASTIÁN)

[167 D1] ⭐ Man rühmt die Stadt als »baskisches Nizza« und »Perle unter Spaniens Küstenstädten«, ihre Lage ist einzigartig. Eingefasst von den Aussichtsbergen Igeldo und Urgull, legt sich San Sebastián um die sichelförmig geschwungene Bahía de la Concha, die Muschelbucht. An den sandigen Stadtstränden Ondarreta und La Concha treffen sich die Sonnenanbeter. Trotz moderner Züge hat sich die Stadt (180 000 Ew.) ihr charmantes Gepräge als Seebad der Belle Époque bewahrt.

Altaristokratische Luxushotels wie das María Cristina sind ebenso wenig aus dem Stadtbild wegzudenken wie das 1912 von Spaniens Königen eingeweihte Teatro Victoria Eugenia. Es fällt nicht schwer, sich vorzustellen, wie Staatsoberhäupter und Blaublütige einst über die Promenaden wandelten, vorbei an den Stadtpalästen längs des Flusses Urumea und gemessenen Schrittes hinein ins Kasino, in dem heute Rathausmitarbeiter Beamtenmikado spielen. Noch immer ist das Flanieren in kaum einer anderen spanischen Stadt so schön wie hier. Am Ostende der Bucht liegt der malerische kleine Fischerhafen, dahinter gehts direkt ins quirlige Altstadtviertel um die Plaza de la Constitución hinein.

SEHENSWERTES

Aquarium

Highlight im Aquarium ist ein 32 m langer Tunnel durch das 2,5 Mio. l

Die sichelförmige Muschelbucht trägt erheblich zum Charme Donostias bei

fassende *oceanário*. Samstagvormittags Tauchgänge im Aquarium – Nervenkitzel zu stattlichem Preis *(Reservierungen Tel. 943 44 00 99)*. *April–Juni und Sept. Mo–Fr 10–20, Sa/So 10–21, Juli/Aug. tgl. 10–21, Okt.–März Mo–Fr 10–19, Sa/So 10 bis 20 Uhr, Plaza Carlos Blasco de Imaz, www.aquariumss.com*

Monte Igeldo

Den Aussichtsberg im Westen erreichen Sie über die Straße oder per Zahnradbahn. Die Traumblicke schweifen über die Stadt und die Bahía de la Concha. Von der Zeit angenagt ist der auf dem Gipfel platzierte Vergnügungspark. Zu Füßen des Igeldo liegen Eduardo Chillidas »Windkamm«-Skulpturen *(Peine del Viento)*. Gebührenpflichtiger Gipfelparkplatz.

Monte Urgull

Rund 120 m hoher Hausberg über der Altstadt, über den sich Wege hinauf zur modernen Christusstatue, zum Engländerfriedhof und den Festungsresten des im 12. Jh.

begonnenen *Castillo de Santa Cruz de la Mota* winden. Von der Altstadtseite her stößt die barocke *Iglesia de Santa María* unmittelbar an den Berg.

Playa de la Zurriola

Östlicher Stadtstrand, beliebt unter Surfern und Flanierern. An die Promenade schiebt sich ein erschlagend moderner Anstrich in Gestalt von Rafael Moneos Kongress- und Messepalast »Kursaal«.

MUSEEN

Kutxa Espacio – Museo de la Ciencia

Spielend lernen ist die Devise im interaktiven Wissenschaftsmuseum. Gesonderter Eintritt ins Planetarium. *Di–Fr 10–19, Sa/So 11–19 Uhr, Mikeletegi Pasealekua, www.miramon.org*

Museo de San Telmo

Untergebracht in einem einstigen Dominikanerkloster, zeigt das Museum Sammlungen zu Archäologie,

Volkskunde und Malerei (u. a. Werke von El Greco). *Di–Sa 10.30 bis 13.30 und 16–19.30, So 10.30–14 Uhr, Plaza de Zuloaga 1*

Arrai-Txiki
Biologisch-vegetarische Kost in der Altstadt, die Auswahl reicht von der Kürbissuppe bis zur Gemüselasagne. *Campanario 3, Tel. 943 43 13 02, € – €€*

Arzak
Der preisgekrönte Gourmettempel von Juan Mari Arzak – Spitzenkost zu Spitzenpreisen. *Avenida Alcalde Jose Elosegui 273 (Alto de Miracruz), Tel. 943 27 84 65, www.arzak.es, €€€*

Barbarín
Altstadtlokal nahe Fischerhafen, Menüs in mehreren Preisstufen, Meeresfrüchteplatte, diverse Fische wie Steinbutt *(rodaballo)* und Seehecht *(merluza)*. *Puerto 21, Tel. 943 42 18 86, €€*

Elegante Geschäftszonen finden Sie im Bereich der *Plaza del Buen Pastor* und um die *Calle Fuenterrabía*.

Abba de Londres y de Inglaterra
Eleganz und Salonambiente in bestem *old-fashioned style*, vorzügliches Frühstücksbuffet. Wer ein Zimmer zur Bahía de la Concha hinaus bucht, erfreut sich an einem der schönsten Küstenpanoramen Spaniens. *148 Zi., Zubieta 2, Tel. 943 44 07 70, Fax 943 44 04 91, www.hlondres.com, €€€*

La Perla
Zentrale Pension, familiäres Ambiente, günstig. *10 Zi., Loiola 10, Tel. 943 42 81 23, www.pensionlaperla.com, €*

Gastronomische Gesellschaften

Baskische Männer mit Kochlöffeln und Küchenschürzen

Allzu oft kommt es nicht vor, dass der spanische Mann die Schürze anlegt und mit dem Kochlöffel wirbelt. Im Baskenland ist manches anders. In den gastronomischen Gesellschaften, den *sociedades gastronómicas,* kommen Männer traditionsgemäß zum gemeinsamen Kochen und Essen zusammen. Man palavert, steht zusammen am Herd und probiert neue Rezepte aus – kein Zufall, dass gerade aus dem Baskenland viele kreative Küchenmeister kommen, die zu international bekannten Spitzenkräften aufgestiegen sind. Die gastronomischen Gesellschaften haben eigene Sitze und mitunter erzkonservative Statuten. Frauen sind allenfalls als Gäste zugelassen, in manchen *sociedades* heißt es schlichtweg »Zutritt verboten«.

Zahlreiche Tapabars um die Plaza de la Constitución. Jazzfreunde zieht es ins *Altxerri (Reina Regente 2)*. Drinks genehmigt man sich im *Splash (Sánchez Toca 7)*, im *Sebastopol (San Martín 19)* und im Diskopub *Hollywood (Blas de Lezo 3)*.

Reina Regente 3, Tel. 943 48 11 66, Fax 943 48 11 72, www.donostia.org

Bera (Vera de Bidasoa) [167 D2]
Für Freunde uriger Dörfer und guter Küche lohnt sich ein Abstecher nach Navarra ins knapp 40 km südöstlich gelegene Vera. Im Ortskern führt der Bummel zum *Rathaus* (18. Jh.) und zur *Iglesia de San Esteban* (16. Jh.), zwei Gehminuten entfernt tischt das Restaurant *Len-*

konea (Plaza de los Fueros 2, Tel. 948 62 55 40, €€–€€€) Spezialitäten aus dem Baskenland und Navarra auf. Das *menú de degustación* ist ein kulinarisches Erlebnis! Dezentes, modernes Design bestimmt das Restaurant, in dessen Halle einst Eisennägel gefertigt wurden. Das dazugehörige *Hotel Churrut (17 Zi., Fax 948 62 55 41, www.hotelchurrut.com, €€)* bietet exzellente Unterkunft.

Costa Vasca [166–167 C–D1]
Westlich von San Sebastián wechseln sich wilde Klippen mit vereinzelten Stränden und Flussmündungen ab, das grüne Hinterland ist von Bauerndörfern und Berghöfen *(caseríos)* geprägt. Im reichen Baskenland gibt es viel Geld, aber wenige Strände, wo es sich lohnte, in Häuser und Apartments mit Meerblick zu investieren. Kein Wunder, dass man sich in *Zarautz* in astronomischen Immobiliensphären bewegt.

Zarautz besitzt einen der raren Sandstrände an der baskischen Klippenküste

Unterhalb der gepflegten Promenade breitet sich ein langer, unter Surfern beliebter Sandstrand aus. Wegen der gefährlichen Wellen und Strömungen sollten sich selbst geübte Schwimmer nicht weit vom Ufer entfernen. Urig sind die Altstadtkneipen jenseits der Durchgangsstraße. Das Restaurant *Karlos Arguiñano (Mendilauta 13, Tel. 943 13 00 00, €€€)* am Strand trägt den Namen von Spaniens bekanntem Fernsehkoch – auch wenn der Meister nicht mehr selbst am Herd steht. Auskunft: *Navarra 3, Tel. 943 83 09 90, Fax 943 83 56 28, www.turismozarautz.com*

Von Zarautz windet sich die traumhafte Küstenstraße in das Fischerstädtchen *Getaria;* ein Monument erinnert an den von hier stammenden Weltumsegler Juan Sebastián Elcano (1476–1526). An der Hafenstraße reihen sich gemütliche Kneipen und Restaurants auf, in denen natürlich der Fisch den Ton angibt. Wichtige Stationen weiter westlich sind *Zumaia* (am Ortsbeginn das *Kunstmuseum Zuloaga*), die Fischerstädtchen *Lekeitio* und *Bermeo,* das *Cabo de Matxitxako* und die hoch über der See gelegene Felsenkapelle *San Juan de Gatzelugatxe.* Erwarten Sie allerdings keine durchgehende Meeresrandstraße, sondern stellen Sie sich auf reichlich Kurven ein! Die Fahrt führt streckenweise durch hohes Küstenhinterland.

In Hernani: die skurrilen Skulpturen des verstorbenen Eduardo Chillida

Gärten sind rund 40 Skulpturen des Meisters zu sehen. *Museo de Chillida-Leku, Mitte Juni–Mitte Sept. Mo bis Sa 10.30–20, So 10.30–15 Uhr; Mitte Sept.–Mitte Juni Mi–Mo 10.30–15 Uhr, www.eduardo-chillida.com*

Hondarribia (Fuenterrabía) [167 D1]

Ein typisch baskisches Städtchen (16 000 Ew.), das sich an den Mündungstrichter des spanisch-französischen Grenzflusses Bidasoa schmiegt. In der mauergeschützten Altstadt findet man viele Tapabars, außerhalb den Badestrand, Flusspromenaden sowie Sport- und Fischerhafen.

Hernani [167 D1]

Rund 10 km südlich in Hernani hat sich der Bildhauer Eduardo Chillida (1924–2002) seinen Lebenstraum erfüllt und ein Landhaus aus dem 16. Jh. samt Garten- und Waldgrundstück zu einem einzigartigen Kunstmuseum gestaltet. In den

OVIEDO

[165 D1] Asturiens Hauptstadt (202 000 Ew.) breitet sich zu Fü-

hingibt. Kunstliebhaber sollten ein Auge auf modernes Bildhauerwerk werfen; In üppigen Formen kommt Fernando Boteros »Mutterschaft« Skulptur an der Plaza de la Escandalera daher.

SEHENSWERTES

Catedral de San Salvador
Oviedos gotische Kathedrale wird überragt von einem einsamen Turm. Sehenswert sind vor allem der Kreuzgang und die präromanische *Cámara Santa (Winter Mo–Sa 10 bis 13 und 16–18, Sommer tgl. 10 bis 19 Uhr)* mit wertvollen Reliquien. *Plaza de Alfonso II el Casto*

Monte Naranco
Majestätisch erhebt sich der grüne 600-m-Riese über der Stadt, den eine Christusstatue krönt. Direkt an der Auffahrtsstraße zum Hausberg Oviedos liegen zwei eindrucksvolle präromanische Kirchen, die zum Weltkulturerbe der Unesco zählen: *Santa María de Naranco* und *San Miguel de Lillo,* beide aus dem 9. Jh. *(beide Sommer Di–Sa 9.30 bis 13.30 und 15.30–19.30, So/Mo 10 bis 13 Uhr; sonst Di–Sa 10–13.30 und 15–17, So/Mo 10–13 Uhr).*

Markanter Blickfang: der Turm von Oviedos Kathedrale San Salvador

ßen des Monte Naranco aus und gefällt mit ihrem historischen Kern um die Plaza de Alfonso II el Casto und die Plaza Porlier. Als besonders schöne Plätze stechen die Plaza Mayor und die Plaza Daoíz y Velarde hervor. Oviedo bewahrt ein mehr als 1000-jähriges Erbe und eine muntere Trinkkultur, bei der man sich in zahlreichen Kneipen den Freuden des Apfelweins *(sidra)*

ESSEN & TRINKEN

Casa Fermín
Asturische Traditionsküche mit innovativem Touch, dazu eine gute Weinauswahl. *San Francisco 8, Tel. 985 21 64 52, €€€*

Casa Ramón
Ein erschwinglicher Klassiker in der Altstadt. Rustikaler Stil, gut und günstig ist das Tagesmenü. *Plaza Daoíz y Velarde 1, Tel. 985 20 14 15, € – €€*

RQR

🏃 Mitten in der Altstadt, junges Publikum. Tagesmenüs und belegte Brote. In der warmen Jahreszeit stehen Stühle und Tische draußen, ein idealer Platz, um das Leben an sich vorbeiziehen zu lassen. *Cimadevilla 16, Tel. 985 20 36 94, €*

ÜBERNACHTEN

Alteza

Solides Stadthotel an der Haupteinkaufsstraße von Oviedo. *23 Zi., Uría 25, Tel. 985 24 04 04, Fax 985 24 04 08, €*

Gran Hotel Regente

Vorteil ist die nahe Fußgängerzone, Kathedrale und *sidra*-Bars liegen nur wenige Gehminuten entfernt. Achten Sie aber darauf, ein Zimmer nach hinten heraus zu wählen! Der Service dürfte freundlicher sein. *121 Zi., Jovellanos 31, Tel. 985 22 23 43, Fax 985 22 93 31, www.granhotel regente.com, €€*

AM ABEND

Nette Kneipen im Bereich der *Calle Cimadevilla* und der *Plaza Daoíz y Velarde, sidrerías* mit typisch asturischem Apfelwein um die *Calle Gascona.*

AUSKUNFT

Cimadevilla 4, Tel. 985 21 33 85, Fax 985 22 84 59, www.infoasturias.com

ZIELE IN DER UMGEBUNG

Angliru   [165 D1]

Seitdem er vor einigen Jahren zum Etappenziel bei der Spanienrundfahrt erkoren wurde, sind Radler versessen darauf, den Anstieg zum Angliru zu bezwingen. Die 12,5 km lange 🔀 Auffahrt beginnt im Örtchen La Vega de Riosa 17 km südlich von Oviedo. Die Höhendifferenz beträgt über 1300 m, das steilste Stück hat sagenhafte 23,5 Prozent Steigung, die Blicke über Berg und Tal sind grandios.

Costa Verde   [165 D–E1]

Ein beliebtes Strandstädtchen am östlichen Ende der asturischen Costa Verde, der »grünen Küste«, ist *Ribadesella* (6000 Ew.). Alternativ zum Strandleben lohnt sich in Ribadesella ein Höhlentrip in die *Cueva de Tito Bustillo (April–Anfang Sept., Mo/Di geschl., max. 360 Besucher pro Tag, Reservierungen Tel. 985 86 11 20).* Solide Dreisterneunterkunft im Hotel *Ribadesella Playa (17 Zi., Ricardo Cangás 2, Tel. 985 86 07 15, Fax 985 86 02 20, €–€€).* Auskunft: *Paseo del Muelle, Tel. 985 86 00 38, http://ribadesella.las.es*

Bei *Colunga,* weiter westlich auf halbem Weg zwischen Ribadesella und Villaviciosa, grassiert das Dinofieber im neuen ==Museo Jurásico== *(Juli–Sept. tgl. 10.30–14.30 und 16 bis 20, Okt.–Juni Mo 10.30–14.30 und Mi–So 10.30–14.30 und 16 bis 19 Uhr; www.museojurasico.com),* das sich um Dinosaurier und Fossilien dreht.

Insider Tipp

Über den Ortskern von *Villaviciosa* (15 000 Ew.) verteilen sich wappengeschmückte Häuser. Kleine Ausflüge lohnen sich an der Ria de Villaviciosa entlang zum Fischerort *Tazones* und an die *Playa de Rodiles* sowie knapp 10 km ins Hinterland zur präromanischen Kirche *San Salvador de Valdediós.*

Cudillero: verwinkeltes Fischerdorf an der grünen asturischen Küste

Westlich von Gijón sollten Sie die Schwerindustrieausstöße von Avilés verrauchen lassen und sich erst auf Höhe des Fischerortes *Cudillero* wieder der Küste zuwenden. Stichsträßchen führen an versteckte Strände. Mit dem schönsten Fischerhafen weit und breit glänzt das Städtchen *Luarca,* ideales Umfeld für eine Kneipenrast im Hafenbereich. Kulturelle Zugabe zu Meer und Stränden gibt es bei *Navia,* wo mit dem *Castro de Coaña* Reste einer keltischen Siedlung freigelegt worden sind. Über Tapia de Casariego setzt sich das typisch asturische Küstengepräge bis an die Ria von Ribadeo fort: nicht kleine Strände allein, sondern gewelltes Bauernland mit grünen Wiesen und Weiden, Farnen und Eukalyptus.

Gijón [165 D1]

Asturiens größte Stadt (275 000 Ew.) 30 km nordöstlich von Oviedo ist keine Liebe auf den ersten Blick. Sie besitzt überwiegend Industrie- und Hafencharakter, bietet jedoch auch nette Seiten: den Sporthafen, die Playa de San Lorenzo sowie das alte, denkmalgeschützte Fischerviertel Cimadevilla mit seiner Plaza Mayor und der Plaza Jovellanos. Hier schwärmt man mit Herzenslust in die Kneipen aus. Wichtigstes Monument ist der *Palacio de Revillagigedo,* ein zum Kulturzentrum umfunktionierter Palast an der Plaza del Marqués. Im Viertel Cimadevilla kann man sich die *Termas Romanas del Campo Valdés* (römische Thermen) ansehen *(Juli/Aug. Di–Sa 11–13.30 und 17–21, So 11–14 und 17–20 Uhr; Sept.–Juni Di–Sa 10–13 und 17–19, So 11–14 und 17–19 Uhr).*

Zu einer Stadt am Meer gehören erstklassige Fischrestaurants wie *Casa Víctor (Calle del Carmen 11, Tel. 985 35 00 93, €€€).* Trotz seiner Größe dürfte Gijón für viele allenfalls Zwischenstation an Asturiens Costa Verde sein. Übernachtungstipp: das kleine Dreisternehоtel *La Casona de Jovellanos (14 Zi., Plazuela de Jovellanos 1, Tel. 985 34 20 24, Fax 985 35 61 51, www.lacasonadejovellanos.com, €–€€)*. Auskunft: *Espígon Central de Fomento, Rodríguez San Pedro, Tel. 985 34 17 71, Fax 985 35 63 57, www.gijon.info*

PICOS DE EUROPA

[165 E1–2] ★ Gebirgsmassen zum Greifen nah: Fast unwirklich wirft sich das Massiv der Picos de Europa im kantabrischen Küstenhinterland auf und erreicht mit dem Torrecerredo (2648 m) und dem Naranjo de Bulnes (2519 m) seine prägnantesten Höhen. Der Parque Nacional Picos de Europa im Herzen des verkarsteten Gebirgsstocks nimmt knapp 650 km^2 ein und lässt keinen Naturliebhaber kalt. Bis ins Frühjahr hinein können Schneestürme toben, in den niederen Lagen blühen Narzissen und Orchideen, Gämsen streifen über Geröllfelder. Wanderer zieht es durch die Schlucht *Garganta del Cares* zwischen Caín und Poncebos (rund drei Stunden einfache Wegstrecke), Liebhaber von Schimmelkäse decken sich mit dem geschmacklich und geruchlich umwerfenden ==*queso de Cabrales*== ein.

Insider Tipp

Das Besucherzentrum des Nationalparks befindet sich im asturischen *Cangas de Onís* in der *Casa Dago (Avenida de Covadonga 43, Tel. 985 84 86 14, www.picosdeeuropa.com)*. In Cangas de Onís verdient überdies die romanische Brücke über den Sella Aufmerksamkeit. Gute, freundliche Unterkunft

bietet das *Hotel Monteverde (30 Zi., Sargento Provisional 5, Tel. 985 84 80 79, Fax 985 84 83 70, www.hotel-monteverde.net, €)*. Hier lassen sich auch die beliebten ==Kanutrips== auf dem Sella arrangieren. Wenige Kilometer östlich beginnt eine spektakuläre Bergroute, die Motorisierte und Radler in eine wilde Hochgebirgsszenerie um die Seen *Lago Enol* und *Lago Ercina* hinaufträgt. Am Weg liegt *Covadonga*, ein sagenumwobenes Örtchen, das als Geburtsstätte der Reconquista gilt: Hier soll sich der Westgotenfürst Pelayo mit seinem Gefolge zu Beginn des 8. Jhs. zusammengerottet und erstmals die feindlichen Mauren besiegt haben. Historisch zweifelhaft, macht aber nichts – in Covadonga und seiner Felsenkapelle hält man das Gedenken an Pelayo aufrecht.

Insider Tipp

Tief in die Picos dringt man auf der N 621 vor: Hinter Panes zieht sich das Sträßchen durch den *Desfiladero de la Hermida*, eine spektakuläre Schlucht, mit dem mozarabischen Kirchlein *Santa María de Lebeña*. In *Potes* (1400 Ew.), 300 m hoch am Río Deva gelegen, ist der Hauptort des Landstrichs Liébana erreicht. Markantes Bauwerk in Potes ist der klobige Wehrturm *Torre del Infantado* (15. Jh.), ein Kurztrip in die Bergwelt führt hinauf zum gotischen Kloster *Santo Toribio de Liébana*.

Westlich von Potes zieht sich ein Sträßchen knapp 25 km ins Gebirge bis zum 1100 m hoch gelegenen *Fuente Dé*, wo der Asphalt im Schatten des U-förmig zulaufenden Gebirgskessels endet und die Seilbahn beginnt. Windstille vorausgesetzt, geht es mit dem *teleférico* im Schwebeflug hinauf bis zur 〽

Vom Naranjo de Bulnes liegt Ihnen halb Nordspanien zu Füßen

Bergstation (1843 m), wo die richtigen Bergwanderrouten starten, die gute Ausrüstung und Kondition erfordern.

PONTEVEDRA

[164 A–B3] In der 75 000-Ew.-Provinzhauptstadt verschmilzt der Río Lérez mit der Ria de Pontevedra, der Fluss windet sich am denkmalgeschützten Altstadtkern vorbei. Heute ist der Wohlstand aus Atlantikhandel, Schiffsbau und Münzprägezeiten verflossen, das Leben strömt gemächlich dahin. Passend dazu das historische Viertel: ein beschauliches Miteinander aus kleinen Plätzen und Gassen, besonders stimmungsvoll um die *Praza da Leña* mit ihren gedrungenen Arkaden und dem zentralen Steinkreuz. Rundherum liegen urige Kneipen, während sich ansprechende Wein- und Tapabars im Bereich der *Rúa de Cousiño* auftun.

Im Altstadtgefüge sind Glasbalkone und verrottete Fassaden ebenso wenig zu übersehen wie die wichtigsten Kirchen: das barocke *Santuario de la Virgen Peregrina* (18. Jh.) mit seiner überraschenden Halbrundfassade, die *Basílica Menor de Santa María* (14. Jh.) und die *Iglesia de San Francisco* (13./14. Jh.). Die Enge der Gebäude bricht auf der breiten Flaniermeile Alameda auf, die mit Palmen und Kamelien aufgelockert ist und die Ruinen der *Iglesia de Santo Domingo* aus dem 13. Jh. streift.

Für eine ausgezeichnete Küche und eine gute Weinkarte bürgt *Alameda de Doña Antonia (Soportales de la Herrería 4, Tel. 986 84 72 74, €€€)*. Eines der prächtigsten Bauwerke Pontevedras ist das Renaissancepalais der Grafen von Maceda, das heute als plüschiger Parador dient und mit vorzüglicher Küche glänzt *(47 Zi., Barón 19, Tel. 986 85 58 00, Fax 986 85 21 95, €€ – €€€)*. Preiswertere Übernachtung im soliden *Hotel Madrid (28 Zi., Andrés Mellado 5, Tel. 986 86 51 80, Fax 986 85 10 06, €)* und im einfachen *Hostal La Paloma (20 Zi., Rúa da Pomba 11, Tel. 986 84 42 10, Fax 986 84 42 11, €)*. Auskunft: *Rúa Gutiérrez Mellado 1, Tel. 986 85 08 14, www.con cellopontevedra.es*

ZIELE IN DER UMGEBUNG

Ourense (Orense)   [164 B3]
Die lebhafte Provinzmetropole (110 000 Ew.) 100 km östlich von Pontevedra am Río Minho wurde wegen ihrer Quellen *Fuentes de las Burgas* bereits von den Römern als Thermalort geschätzt. Ourense liegt im grünen galicischen Landesinnern ein wenig abseits von allem und ist aus diesem Grund touristisch unverbraucht. Im alten Kern wechseln sich schmale Gassen und nette Plätze wie die Praza Mayor ab, in der Fußgängerzone lässt es sich herrlich bummeln. Stolz der Stadt ist der *Puente Romano*, die römische Brücke, die sich in hohen Bogen über den Minho spannt. Einen Besuch verdient die romanisch-gotische *Catedral de San Martín de Tours* mit ihrem Pórtico del Paraíso.

Günstige Unterkunft im *Hotel Río Miño (37 Zi., Juan XXIII 4, Tel./Fax 988 21 75 94, €)* und im *Hostal San Miguel (18 Zi., San Miguel 14, Tel. 988 23 92 03, Fax 988 24 27 49, €)*. Auskunft: *Edificio Caseta de Legoeiro Ponte Romana, N 120/Rúa Progreso, Tel. 988 37 20 20, Fax 988 21 49 76, www.ourense.es*

Península do Morrazo   [164 A3]
Südwestlich von Pontevedra schiebt sich die Halbinsel Morrazo zwischen die Ria de Pontevedra und die Ria de Vigo. Bis ins 20. Jh. hinein war sie für Fahrzeuge nicht erschlossen, man war einzig auf den Bootsverkehr angewiesen. Eine Rundfahrt führt über *Marín* (traditioneller Stützpunkt der Marine), den Fischerort *Bueu*, *Hío* (schönes Steinkreuz bei der Kirche), *Cangas* und *Moaña*. Populäre Strände sind die *Praia Lapamán* an der Nord- und die *Praia Barra* an der Südwestflanke der Península.

Ria de Arousa   [164 A2]
Als nördlicher Nachbar der Ria de Pontevedra verästelt sich die Ria de Arousa ins Land – für viele Südgaliciens schönster Meeresarm. In seinen blauen Weiten dümpeln zahlreiche Muschelzuchtinseln, die man bei organisierten Bootstrips ab O Grove oder Vilagarcía de Arousa ansteuert. Die künstlichen Eilande geben einen Vorgeschmack auf das Örtchen *O Grove*, das den Abschluss einer kleinen Halbinsel formt und sich »Muschelhauptstadt« nennt. Hier reiht sich ein Meeresfrüchtelokal neben dem nächsten auf. Zu einem guten Essen gehört natürlich ein Albariño, der König unter den galicischen Weißweinen. Angenehme Unterkunft in der Feriengemeinde O Grove bietet das Hotel *Mirador Ria de Arousa (31 Zi., Reboredo 110, Tel. 986 73 08 38, Fax 986 73 06 48, reservas@miradorriadearosa.com, €)*. Über eine Brücke geht es von O Grove hinüber zur *Illa da Toxa*, einer winzigen Insel mit einigen weiteren Hotels und der kuriosen *Capilla de San Sebastián*, die komplett mit Muscheln belegt ist.

Idealer Platz, um sich mit Weinen einzudecken, ist die »Albariño-

Bei Cambados wächst der Albariño, der kaum bekannte Spitzenwein Galiciens

Hauptstadt« *Cambados*, speziell in den Läden rund um die urige *Praza Fefiñanes*, den örtlichen Hauptplatz, an dem sich ein schöner Adelspalast *(pazo)* erhebt. In einer der urigen Kneipen können Sie den Rebensaft natürlich erst einmal kosten. Anfang August findet in Cambados das Weinfest statt, die *Festa do Viño Albariño*. Ein ordentliches Zweisternedach über dem Kopf bietet in Cambados das *Hotel Herbiña (26 Zi., Avenida Vilariño 12, Tel. 986 52 69 46, Fax 986 52 69 47, www.hermida5000.com, €)*. Nordwestlich von Cambados lohnt sich die Brückenfahrt hinüber zur *Illa de Arousa* in der Mitte des Meeresarms. Naturfreaks campen hier sehr gerne, unter anderem auf dem Zeltplatz *Salinas (Juni–Sept., 159 Plätze, Salinas-Praia de Xastelas, Tel. 986 52 74 44)*.

Insider Tipp

Sanxenxo [164 A3]

Im Sommer ist Sanxenxo an der Nordseite der Ria de Pontevedra

der galicische Hauptferienort. Über die Gemeinde verteilen sich nicht weniger als zwölf Campingplätze und rund 120 Hotels und Pensionen. Manche öffnen nur von Juni bis September, bei den ganzjährig betriebenen bekommt man gute Nebensaisontarife, etwa im ansprechenden Dreisternehotel *Rotilio (40 Zi., Avenida del Puerto 7–9, Tel. 986 72 02 00, Fax 986 72 41 88, www.hotelrotilio.com, € – €€)* und im Zweisternehaus *Florida-Mar (39 Zi., Emilia Pardo Bazán 2, Tel. 986 72 43 40, Fax 986 69 18 26, €)*. Nordwestlich von Sanxenxo geht es zur schönen sandigen *Praia da Lanzada*. Wie überall in Galicien fallen immer wieder die typischen Speicherbauten *(hórreos)* für Getreide und Mais auf, speziell um Combarro.

Vigo, Illas Cíes und Baiona [164 A3]

Ein dynamisches, maritimes Gepräge zeichnet die recht zugebaute größte Stadt Galiciens (293 000 Ew.) aus. Im Hafen von Vigo reihen sich Fischerboote und Kühlhäuser auf, darüber ziehen sich die Gassen durch das alte Fischerviertel O Berbés bis zur arkadengesäumten Praza da Constitución. Weiter landeinwärts liegt der Schlosspark mit der Festung *El Castro,* deren Ursprünge ins 10. Jh. reichen. Für eine Rast bieten sich die Straßencafés in der Rúa do Principe an, Fischlokale konzentrieren sich in den Bereichen Avenida de Montero Ríos und Rúa do García Olloqui. Auskunft: *Avenida Cánovas del Castillo 22, Tel. 986 43 05 77, Fax 986 43 00 80, www.vigo.org*

Am Eingang der Ria de Vigo, eingefasst in ein Seeschutzgebiet, liegen die Vogelinseln *Illas Cíes.* Im Sommer starten täglich Bootsausflüge ab Vigo, von Anfang Juni bis Mitte September ist im Archipel ein Campingplatz in Betrieb *(Camping Islas Cíes, Tel. 986 43 83 58, Fax 986 44 72 04).*

20 km südlich von Vigo liegt das Strand- und Hafenstädtchen *Baiona* an der malerischen Ria de Baiona, Galiciens südlichstem Meeresarm. Traumhaft zwischen Atlantikblau und Kieferngrün breitet sich das vom *Parador (122 Zi., Tel. 986 35 50 00, Fax 986 35 50 76, €€ – €€€)* besetzte Festungsplateau aus, der richtige Rahmen für eine Unterkunft der Spitzenklasse. Den Spazierweg um den Mauerverbund des Paradors sollten Sie sich nicht entgehen lassen. Schon die ==Poollandschaft== ist ein Traum, vom Restaurant *(€€€)* und der Barterrasse ganz zu schweigen. Einkehren können Sie nicht minder gut in der Unterstadt Baionas, wo überdies ein Hafenbummel lockt.

SANTANDER

[166 B1] Kantabriens lebhafte Hauptstadt (190 000 Ew.) ist ein Seebad vom alten Schlag. Sie trumpft mit dem prächtigen Hauptstrand Sardinero, einer weiten Hafenbucht und herrlichen Promenaden auf. Eine natürliche, raue Schönheit umgibt das wenige Kilometer nördlich gelegene Cabo Mayor, über dem sich Klippen und ein Leuchtturm erheben. Studentinnen und Studenten aus aller Welt zieht es heute an die bekannte Sommeruniversität Menéndez Pelayo. Angenehme Streifzüge führen durch die zentralen Jardines de Pereda und den Park der Halbinsel Magdalena, aus dem sich der einstmals von Spaniens Königshaus genutzte Sommersitz erhebt.

SEHENSWERTES

Catedral
Gotische Kathedrale mit Kreuzgang, Mausoleum für den Philosophen Marcelino Menéndez Pelayo (1856 bis 1912) sowie der unter Glas liegenden frühgotischen *Cripta del Cristo* mit Ausgrabungsresten aus Römerzeiten. *Di–So 10–13.30 und 16–19.30 Uhr, bei Gottesdiensten nicht zugänglich, im Sommer geführte Besuche, Somorrostro*

MUSEEN

Museo Marítimo
Interessantes Meereskundemuseum mit einer Ausstellungsfläche von 7000 m². Im Mittelpunkt stehen 16 Aquarien, die u. a. mit der kantabrischen Meeresflora und -fauna vertraut machen. *Sommer Di–Sa 11–13 und 16–19, So 11–14 Uhr, sonst Di*

bis Sa 10–13 und 16–18, So 11–14
Uhr, San Martín de Bajamar

Museo Municipal de Bellas Artes
Museum der schönen Künste, u. a.
mit einem Goya-Porträt von Fernando VII. Sommer Mo–Fr 10.30–13
und 16–19, Sa 10.30–13 Uhr, sonst
Mo–Fr 10 13 und 17–20 Uhr, Sa
10.30–13 Uhr, Rubio

Bodega Cigaleña
Reichlich Wein, regionale Fisch- und
Fleischspeisen. Daoiz y Velarde 19,
Tel. 942 21 30 62, €€ – €€€

Bodega La Montaña
Äußerst günstige Mittagsmenüs,
zentral gelegen. San Fernando 28,
Tel. 942 23 10 39, €

Central
Das gepflegte, zentral gelegene Dreisternehaus wartet mit einer mehr

als 100-jährigen Geschichte auf.
Aufmerksamer Service. 41 Zi., General Mola 5, Tel. 942 22 24 00, Fax
942 36 38 29, www.elcentral.com,
€€

La Corza
In der familiär geführten Pension
nahe beim Puerto Chico haben Sie
die Wahl zwischen Zimmern mit
Bad oder nur mit Waschbecken.
8 Zi., Hernán Cortés 25, Tel.
942 21 29 50, €

Picos de Europa
Der Trumpf des soliden Zweisterne-
hauses ist die zentrale Lage fünf
Gehminuten vom Rathaus. Zimmer
mit Bad, Telefon und TV. 22 Zi., Arco Iris 3, Tel. 942 37 10 15, Fax
942 37 10 35, www.grupopicosde
europa.com, €

Jardines de Pereda, Tel.
942 20 30 00, Fax 942 20 30 05,
www.turismo.cantabria.org

Santander: lebhafte Großstadt mit zahlreichen Sandstränden

ZIELE IN DER UMGEBUNG

Costa Cantábrica   [166 A–B1]

Westlich von Santander findet man in *Comillas* kleine Strände und den kuriosen »Capricho«-Bau Antoni Gaudís, heute ein Restaurant, in *San Vicente de la Barquera* ein interessantes Miteinander aus kleiner Altstadt, Fischerhafen und ausgedehntem Sandstrand auf der Gegenseite der Bucht. Ein weiterer schöner Sandstrand liegt ein Stück östlich und ist problemlos erreichbar: die *Playa de Oyambre.* 15 km südlich von Comillas im Inland ein charmantes Landhotel bei Cabezón de la Sal bzw. Carrejo: *El Jardín de Carrejo* *(10 Zi., Tel. 942 70 15 16, Fax 942 70 18 71, www.eljardindecarrejo.com, €€).* Östlich von Santander erwarten Sie versteckte Strandabschnitte um *Somo* und *Ajo,* der 5 km lange Sandstrand von *Laredo* und das nette Fischerstädtchen *Castro-Urdiales* mit der gotischen Kirche Santa María und dem aus der alten Templerburg ragenden Leuchtturm.

Cueva El Soplao   [165 F2]

Neuester Höhlenstar Kantabriens ist die weit im Inland bei Celis an der CA 181 gelegene Cueva El Soplao (Anfahrt über Rábago). Die Erkundung des unterirdischen Paradieses mit seinen Tropfsteinformationen dauert etwa eine Stunde. *Tgl. 10–20 Uhr, Reservierung Tel. 902 82 02 82, www.elsoplao.es*

Santillana del Mar   [166 A–B1]

★ Ein Traum in Stein, quicklebendiges Mittelalter: gepflasterte Gassen und alte Adelspaläste, Torbögen und Fachwerk, die romanische Stiftskirche *Colegiata* mit einem gedrungenen Kreuzgang. Dazu Holzbalkone und Kunsthandwerk, Bars und Restaurants bis zum Abwinken, Feinkostläden mit Wildschweinwurst und Pasteten. In einer der schönsten Ortschaften Nordspaniens knapp 30 km südwestlich von Santander bündelt sich alles auf kleinem Raum, an manchen Tagen herrscht drangvolle Enge. Den Dreh- und Angelpunkt der denkmalgeschützten Altstadt bildet die *Plaza Ramón Pelayo.* Im Ort verteilen sich einige urige Unterkünfte, darunter die *Posada Santa Juliana (6 Zi., Carrera 19, Tel. 942 84 01 06, Fax 942 84 01 70, €).* Auskunft: *Jesús Otero 20, Tel. 942 81 88 12, www.santillanadelmar.com*

Aus der Museumslandschaft im Ortskern hebt sich das leider etwas überteuerte *Museo de la Inquisición (tgl. 10.30–20.30, im Sommer bis 22 Uhr)* ab, das ganz auf martialische Folterinstrumente setzt. Im Zeichen sakraler Kunst steht das *Diözesanmuseum Regina Coeli (im Sommer tgl., sonst Di–So 10–14 und 16–19 Uhr).* Etwa 2 km außerhalb liegt das *Museo de Altamira (Juni–Sept. Di–Sa 9.30–19.30, So 9.30–15 Uhr; Okt.–Mai Di–Sa 9.30 bis 17, So 9.30–15 Uhr; http://museodealtamira.mcu.es),* dem die Verwaltung der weltberühmten Höhle von Altamira mit ihren prähistorischen Malereien obliegt. Das Original ist nicht mehr für die Öffentlichkeit zugänglich, dafür der minuziöse Nachbau, die *Neocueva* (oder *Réplica*), in der die Besucherlimits bei 2300 Personen pro Tag (So bis 1700) liegen *(Ticketvorbestellung über die Bankgruppe Santander Central Hispano unter https://www.gruposantander.com/ventaentradas/Altamira).*

Auf den Spuren des Mittelalters

Den Jakobsweg säumen nicht nur prächtig erhaltene, uralte Städte und Klöster, sondern auch die lebhaften Weinorte Navarras und der Rioja

Er ist von Klöstern und Kirchen gesäumt und lockt nicht nur fromme Seelen an: Über die kulturelle Blüte hinaus kommt das ganzheitliche Erleben am Jakobsweg *(www.xacobeo.es)*, dem *Camino de Santiago*, nicht zu kurz. Auf den rund 760 km vom Ibañetapass bis Santiago de Compostela spannen sich die Landschaften von den grandiosen Höhen der Pyrenäen bis ins grüne Hügelland Galiciens. Unterwegs pflegen Städte wie Logroño und León ausgiebig ihre kulinarische Kultur. Auf spanischem Boden teilt sich der Jakobsweg zu Beginn in den *Camino Francés* (über Roncesvalles) und den etwas längeren *Camino Aragonés* (über Jaca). Beide vereinen sich in Puente la Reina. Umfangreiche Informationen finden Sie im im MARCO POLO Band »Jakobsweg«.

Heutige Jakobspilger sind oft auch mit dem Rad unterwegs

ASTORGA

[165 D3] Die knapp 900 m hoch gelegene Provinzstadt Astorga (14 000

Mehr als 120 Buntglasfenster machen Leóns Santa María de la Regla zu einer Kathedrale des Lichts

Ew.) zählte einst 22 Pilgerhospitäler; von denen hat jedoch nur das *Hospital de Astorga* (gegründet 1178) neben der *Kathedrale* (15.–18. Jh.) den Sprung in die Gegenwart geschafft. Gegenüber der Kathedrale liegt der *Bischofspalast*, den Spaniens kreativer Meisterarchitekt des *modernisme*, Antoni Gaudí, Ende des 19. Jhs. erbauen ließ. Er beherbergt heute das Pilgermuseum *(Museo de los Caminos, Winter Di–Sa 11–14 und 16–18, So 11–14 Uhr; Sommer Di–Sa 10–14 und 16–20, So 10–14 Uhr)*. Ein Leckerbissen ganz besonderer Art ist das kleine *Schokoladenmuseum (Di bis Sa 10.30–14 und 16.30–19, So 11–14 Uhr; José María Goy 5)*. Mit der Römerzeit macht das nahe dem Rathaus gelegene *Museo Romano (Di–Sa 10–13.30 und 16–18, Som-*

Cruz de Ferro: höchster Punkt des Jakobswegs jenseits der Pyrenäen

mer 16.30–19, So 10–13.30 Uhr) vertraut. An überdachten römischen Ausgrabungen vorbei können Sie den ⬇ Bummel bis zum *Jardín de la Sinagoga* fortsetzen und dabei schöne Blicke Richtung Bergwelt genießen.

Ausgezeichnet essen und schlafen können Sie im *Hotelrestaurant Gaudí (35 Zi., Plaza Eduardo de Castro 6, Tel. 987 61 56 54, Fax 987 61 50 40, €–€€)*. Auskunft: *Glorieta Eduardo de Castro 5, Tel. 987 61 82 22, Fax 987 60 30 65, www.ayuntamientodeastorga.com*

ZIELE IN DER UMGEBUNG

Insider Tipp Castrillo de los Polvazares [165 D3]

Natursteinhäuser, je nach Jahreszeit ein paar Hundert Seelen und ein

ausgezeichneter Ruf für Hausmacherwürste und -eintöpfe – und nur 5 km von Astorga entfernt. Auf klobigem Pflaster können Sie das lang gestreckte »rote Dorf« auf den Spuren der Jakobspilger durchwandern; ein paar Restaurants laden zur Einkehr ein.

Cruz de Ferro [165 D3]

★ Setzt man die Fahrt von Castrillo de los Polvazares Richtung Bergwelt fort, kommt man durch Heideland und urige Steindörfer und windet sich auf 1504 m hinauf: Mitten in der Einsamkeit markiert das Cruz de Ferro, das auf einen Holzstab aufgesetzte »Eisenkreuz«, den höchsten Punkt des Jakobswegs jenseits der Pyrenäen. Von hier aus geht es abwärts nach Ponferrada.

Ponferrada [164–165 C–D2]

Majestätisch beherrscht die *Templerburg* (s. Kapitel »Mit Kindern reisen«) die 62 000-Ew.-Stadt über den Ufern des Río Sil. Eine sehr gute Unterkunft ist das *Hotel AC Ponferrada (60 Zi., Avenida Astorga 3, Tel. 987 40 99 73, Fax 987 40 99 74, http://ac.hotelsearch.com, €€)*. Ponferrada eignet sich als Sprungbrett für einen Ausflug nach *Las Médulas* (bizarre Minenlandschaft aus der Römerzeit, Unesco-Welterbe), während der Jakobsweg über das von Weingärten umzogene Kirchenstädtchen Villafranca del Bierzo nach Galicien führt. Auskunft: *Gil y Carrasco 4, Tel. 987 42 42 36, www.ponferrada.org*

BURGOS

[166 B3] Neun Monate Winter *(invierno)*, drei Monate Hölle *(infier-*

no), im Dezember klirrende Kälte, im Juli 40-Grad-Glut: Das Klima in Burgos ist beileibe nicht die beste Empfehlung für einen Besuch, doch die 884 gegründete 170 000-Ew.-Stadt am Río Arlanzón hat es in sich. Im Mittelschiff der Kathedrale liegt El Cid (1043–1099) begraben, Spaniens Held der Reconquista, der eigentlich Rodrigo Díaz de Vivar hieß. Auf ihn trifft man am Cid-Denkmal gegenüber dem Stadttheater und als Bildnis im Arco de Santa María, einem Torbogen, der den Weg zur Kathedrale freigibt. Auf dem Hügel über der Stadt thronen die ⚜ Reste der alten Burg.

SEHENSWERTES

Cartuja de Miraflores

Das Kartäuserkloster aus dem 15. Jh. liegt rund 4 km östlich der Innenstadt. In der Klosterkirche sticht das prächtig dekorierte Alabastergrabmal von König Juan II und seiner Frau Isabella hervor, den Eltern der Katholischen Königin Isabella. Das Kloster wird nach wie vor von nach strengen Regeln lebenden Kartäusermönchen bewohnt, deshalb ist einzig die Kirche zugänglich. *Mo–Sa 10.15–15 und 16–18, So 11–15 und 16–18 Uhr*

Catedral de Santa María

★ Mehr als drei Jahrhunderte baute man an der Kathedrale, die mit ihren Kuppeln, den gotischen Steinspitzen und 84 m hohen Türmen himmelwärts sticht. Das 1221 begonnene Gotteshaus stellt alles in den Schatten, ist Weltkulturerbe der Unesco und setzt seine überwältigenden Anblicke im Innern fort. Man tritt an Diego de Siloés *Vergoldete Treppe* und an den 103-stühligen *Chor* heran, schaut zur Vierungskuppel und zur kuriosen »Fliegenfängeruhr« *Papamoscas* hinauf und bewundert die Meisterschaft feiner Ornamente in der *Kapelle des Kronfeldherrn*. Der Kreuzgang verschafft Zugang zum *Domschatz. Sommer Mo–Sa 9.30–19.15, So 9.30–15 und 15.30–19.15 Uhr, sonst tgl. 9.30–13.15 und 16 bis 19.15 Uhr, Plaza de Santa María*

MARCO POLO Highlights
»Am Jakobsweg«

★ **Catedral de Santa María**
Kirchenprunk erster Güte, in Burgos in jahrhundertelanger Bauzeit entstanden (Seite 55)

★ **Cruz de Ferro**
Auf dem Gipfel des Jakobswegs (Seite 54)

★ **León**
Glasfensterpracht in der Kathedrale (Seite 57)

★ **Logroño**
Genussvolle Tapatour durch die Altstadtkneipen in der Calle del Laurel (Seite 59)

★ **Roncesvalles**
Traumhafter Blick vom Ibañetapass (Seite 62)

★ **Santiago de Compostela**
In der Altstadt strömt die Welt zusammen (Seite 63)

Mehr als 300 Jahre baute man an der Kathedrale in der Altstadt von Burgos

Paseo del Espolón
Die städtische Prachtmeile parallel zum Flusslauf ist mit reichlich Grün aufgelockert. Ein Durchgang führt zur arkadenumzogenen Plaza Mayor – ein idealer Orientierungspunkt für Erkundungen des Gassenlabyrinths mit zahlreichen Tapakneipen.

La Amarilla
Klein und urig, gute Tapas in der Bar, Restaurant eine Treppe höher. Empfehlenswerte Mittagsmenüs. *San Lorenzo 26, Tel. 947 20 59 36, €*

Hermanos Alonso
Gutes Hausmenü, Auswahl von Lachs bis Schaf. *Calle de la Llana de Afuera 5, Tel. 947 20 17 11, € – €€*

Norte y Londres
Solides Haus am Rand der Altstadt, günstige Lage. *50 Zi., Plaza Alonso Martínez 10, Tel. 947 26 41 25, Fax 947 27 73 75, www.hotelnorte ylondres.com, € – €€*

Puerta de Burgos
Das gute Viersternehaus liegt ca. 1,5 km östlich der Innenstadt. Autofahrer können in den umliegenden Straßen gut parken. *137 Zi., Vitoria 69, Tel. 947 24 10 00, Fax 947 24 07 07, www.puertadebur gos.es, €€€*

Plaza Alonso Martínez 7, Tel. 947 20 31 25, Fax 947 27 65 29, www.aytoburgos.es

Santo Domingo de Silos [166 B3]
Das Örtchen 60 km südöstlich von Burgos hat sich um ein *Benediktinerkloster (Mo 16.30–18, Di–Sa 10 bis 13 und 16.30–18 Uhr)* aus dem 11. Jh. gelegt. Mit seinen Säulenrei-

hen und Basreliefs zählt der doppelstöckige romanische Kreuzgang zu den schönsten Spaniens, an den filigran gearbeiteten Kapitellen steht man Löwenadlern und Monstern gegenüber. Nicht versäumen: die alte Klosterapotheke! Die Mönche von Silos sind wegen ihrer gregorianischen Gesänge bekannt. Sie sind während der Messen *(Mo–Sa 9 und 19, So 12 und 19 Uhr)* zu hören. Eine angenehme Unterkunft am Ortsrand ist das *Hotel Silos 2000 (28 Zi., Tel. 947 39 01 32, Fax 947 39 01 27, €)* mit Bar und Restaurant.

Etwa 3 km außerhalb des Orts liegt die aufregende Klamm *La Yecla*, die man über kurze begehbare Stege erkunden kann. In den umliegenden Bergen lassen sich Geier beobachten.

LEÓN

[165 D–E2] ★ Knapp 140 000 Ew. zählt heute die Provinzhauptstadt, die 68 n. Chr. von der siebten römischen Legion gegründet wurde; vom Wort »Legion« leitet sich der Stadtname ab. Im Mittelalter stieg León zur Residenzstadt eines eigenständigen Königreichs auf, Jakobspilger fanden und finden hier eine der wichtigsten Stationen am Weg. Besonders am Wochenende beleben sich die Tapabars um die zentrale *Plaza San Martín.*

SEHENSWERTES

Catedral de Santa Maria de la Regla
Mitten in der Fußgängerzone erhebt sich die Kathedrale aus dem 13.–15. Jh. Die berühmten filigranen Buntglasfenster nehmen eine Gesamtfläche von über 1800 m^2 ein und lassen das Gotteshaus zu jeder Tageszeit in einem anderen Licht erstrahlen. Einen Besuch verdient auch der Kreuzgang. *Mo–Sa 8.30–13.30 und 16–19 (Sommer bis 20), So 8.30–14.30 Uhr*

Colegiata de San Isidoro
An der Plaza de San Isidoro liegt diese romanische Basilika, die im 11. Jh. eigens erbaut wurde, um die aus Andalusien überführten Reliquien des heiligen Isidor von Sevilla (um 560–636) aufzunehmen. Eine gesonderte Tür führt ins Museum mit dem *Panteón de los Reyes*, wo Decke und Wände vor einem knappen Jahrtausend faszinierend ausgemalt wurden. Dort dominieren biblische Szenen; eine Besonderheit ist der Bauernkalender mit Motiven aus allen zwölf Monaten. Vom Museum aus geht es hinein in den Kreuzgang, die Schatzkammer und die kleine Bibliothek. *Kirche rund um die Uhr, Panteón de los Reyes/Museum Juli/Aug. Mo bis Sa 9–20, So 9–14, Sept.–Juni Mo–Sa 10–13.30 und 16–18.30, So 10–13.30 Uhr*

Convento de San Marcos
Nahe den Ufern des Río Bernesga erhebt sich etwa 1 km von der Innenstadt das mächtige Bauwerk Convento de San Marcos mit seiner breiten, reich verzierten plateresken Fassade. Einen Teil des Komplexes nimmt die Kirche ein; interessant hier die steinernen Jakobsmuscheln über dem Zugang. Auch ein Fünfsterneparador und das *Museo de León* sind hier untergebracht; das Museum legt seinen Schwerpunkt auf archäologische Funde. *Di–Sa 10–14 und 16–19*

Mit einer prächtigen Fassade wendet sich das Kloster San Marcos dem gleichnamigen großen Platz zu, in der Mitte geht es hinein in den Parador

(Sommer 17–20), So 10–14 Uhr, Plaza de San Marcos

Plaza de Santo Domingo

Dreh- und Angelpunkt für Stadterkundungen ist dieser belebte Platz, von dem die Fußgängerzone abgeht. Hoch ragt der Backsteinturm der Kirche *San Marcelo* auf, in der die Gläubigen die Reliquien des Stadtpatrons verehren. In Sichtweite liegen die *Casa de Botines*, ein Ende des 19. Jhs. von Antoni Gaudí entworfenes Jugendstilwerk, und der pompöse *Palacio de los Guzmanes* aus dem 16. Jh.

ESSEN & TRINKEN

Casa Pozo

Das Restaurant rühmt sich seiner Speisekultur seit gut 70 Jahren. Tagesmenüs, Tellergerichte, aufmerksame Bedienung. Nahe dem alten Rathaus in einer Ecke des Platzes gelegen. *Plaza San Marcelo 15, Tel. 987 22 30 39, € – €€*

Catedral

Nahe der Kathedrale, doch kein Touristenschuppen: Hier kommen Einheimische gern zum Tagesmenü hin. Sehr einfach, Zugang etwas versteckt. *Mariano Domínguez Berrueta 17, Tel. 987 21 59 18, €*

ÜBERNACHTEN

Boccalino

Gutes Hostal gegenüber der Stiftskirche San Isidoro mittendrin im Leben, doch trotzdem recht ruhig. *7 Zi., Plaza San Isidoro 9, Tel. 987 22 30 60, Fax 987 22 78 78, €*

Londres

Einfaches, kleines Hostal mit erschwinglichen Preisen; in derselben Straße weitere Pensionen. *7 Zi., Avenida de Roma 1, Tel. 987 22 22 74, €*

AUSKUNFT

Plaza de la Regla 4, Tel. 987 23 70 82, Fax 987 27 33 91, www.aytoleon.es

Monasterio de San Miguel de la Escalada [165 E3]

Ein Musterbeispiel mozarabischer Baukunst; Mozaraber waren die spanischen Christen, die unter maurischer Herrschaft lebten und islamische Kunstelemente in ihre eigenen Bauten integrierten. So wirkt das Innere mit seinen Hufeisenbögen wie eine Moschee. Obgleich stark restauriert, hat sich das bescheidene Bauwerk aus dem 10./11. Jh. seine Faszination bewahren können. *Wenig zuverlässige Öffnungszeiten, oft Di–Sa 10–14 und 16–18 (im Sommer 17–20), So 10.30–15 Uhr*

LOGROÑO

[160 C5] ★ Die Hauptstadt der Rioja (137 000 Ew.), am Südufer des Ebro in einem weiten Rotweingebiet gelegen, ist eine wahre Entdeckung! In den Altstadtkneipen kann man die aromatischen Tropfen der Region probieren, ein Tapastreifzug durch die Calle del Laurel ist ein Muss. Tun Sie es den Einheimischen gleich, die von Weinbar zu Weinbar ziehen. Jede fährt ihre eigenen Spezialitäten auf, außerdem gestaltet sich das Ausgehvergnügen so äußerst günstig. Für ein ausschweifenderes Tafeln empfiehlt sich das *Restaurante La Unión (San Agustín 15, Tel. 941 22 00 70, €–€€)*, in dem Sie günstige Mittagsmenüs bekommen. Eine gute Unterkunft ist das Hotel *NH Herencia Rioja (83 Zi., Marqués de Murrieta 14, Tel. 941 21 02 22, Fax 941 21 02 06, www.nh-hotels.com, €€)* nur wenige Gehminuten von der Fußgängerzone entfernt.

Als Hauptachse läuft die von Arkaden flankierte *Calle Portales* durch die stimmungsvolle Altstadt und mündet auf die weite *Plaza del Mercado,* einen idealen Ort, um die Stimmung und den Anblick der Kathedrale *Santa María la Redonda* in einem der Freiluftcafés zu genie-

Crianzas und Reservas

Im Strudel der Riojaweine

Die Rioja hat sich als Rotweinregion weltweit einen Namen gemacht und profitiert vom sonnigen Klima und den fruchtbaren Böden im Becken des Río Ebro. Nach der Lese im Herbst reifen die Spitzenweine in zahlreichen Kellereien *(bodegas)* in Fässern aus französischer oder amerikanischer Eiche heran. Kenner schätzen die Kombination aus vollem Fruchtaroma und jenem Vanilleton, den die Eichenfässer *(barricas)* abgeben. Die edleren Tropfen beginnen mit den *crianzas* und steigern sich über die *reservas* bis hin zu den *gran reservas*. Sie alle unterliegen vorgeschriebenen Reife- und Lagerzeiten in Fässern und Flaschen. *Crianzas* müssen mindestens zwei, *reservas* drei, *gran reservas* fünf Jahre lang gelagert werden.

ßen. Oder man stößt zur städtischen Prachtpromenade vor, dem *Paseo del Espolón,* wo weitere Cafés, Bänkchen und Grünanlagen zum Verweilen einladen. Während des großen Weinlesefestes werden hier am 21. September die Trauben mit den Füßen gestampft. Parallel zum Ebro zieht sich der Jakobsweg durch die Altstadtschnelse der *Calle de Barriocepo* und läuft an der *Iglesia de Santiago* vorbei, wo ein Außenrelief Jakobus als Maurentöter zeigt. Auskunft: *Paseo del Espolón, Tel. 941 29 12 60, Fax 941 29 16 40, www.lariojaturismo.com*

ZIELE IN DER UMGEBUNG

Bodegas [166 C3]
Logroño ist von Weinkellereien *(bodegas)* umgeben, von denen Sie manche nach Absprache besuchen können. Auf Besucher haben sich unter anderem die *Bodegas Ontañón (Avenida de Aragón 3, Tel. 941 23 42 00, www.ontanon.es),* die *Bodegas Olarra (Polígono de Cantabria, Tel. 941 23 52 99, www. bodegasolarra.es)* und die *Bodegas Juan Alcorta (Camino de Lapuebla 50, La Rad de Santa Cruz, Tel. 941 27 99 00)* eingestellt.

San Millán de la Cogolla [166 C3]
Gleich zwei Klöster liegen 50 km südwestlich von Logroño im Schatten der Sierra de la Demanda. Beide sind von der Unesco zum Weltkulturerbe erklärt worden: Das obere, ältere und jüngst restaurierte heißt *Suso* (6. Jh.), das untere aus dem 16.–18. Jh. *Yuso (Di–So 10.30 bis 13 und 16–18 Uhr).* Beide halten den Geist von San Millán de la Cogolla lebendig, einem Eremiten aus dem 6. Jh., der im Kloster Yuso

begraben liegt. Preisgünstige ländliche Unterkunft in der *Casa Posada de San Millán (6 Zi., Prestiño 3, Tel. 941 37 31 61, €).* Auskunft: *Monasterio de Yuso, Plaza del Convento, Tel. 941 37 32 59*

Santo Domingo de la Calzada [166 C3]
Kaum zu glauben: ein Hühnerstall in der *Kathedrale (Mo–Sa 10–18.30 Uhr)* 50 km westlich von Logroño. Das Federvieh lebt hinter Glas und hält das Gedenken an das »Hühnerwunder« aufrecht, bei dem ein unschuldig gehenkter Wallfahrer auf seltsame Weise am Leben blieb.

PAMPLONA

[160 C5] Blanker Wahnsinn: Kampfstiere sprengen durch die Gassen, vor ihren Hörnern sprinten Wagemutige ums nackte Leben. Manche werden von den Hörnern durchbohrt – selten tödlich, immer schmerzhaft. Szenen wie diese spielen sich alljährlich während der Sanfermines ab, Spaniens größter Fiesta vom 6. bis 14. Juli. Schon Ernest Hemingway zog das Spektakel in seinen Bann. Pamplona, die Hauptstadt Navarras (182 000 Ew., auf Baskisch Iruñea oder auch Iruña), zu römischen Zeiten gegründet, zeigt sich heute als lebhafte Einkaufs- und Studentenstadt. Das Gassengeflecht des historischen Viertels verästelt sich um die Plaza del Castillo und das barocke Rathaus, in der Nähe erheben sich die mittelalterlichen Wehrkirchen San Nicolás und San Saturnino. Für reichlich Grün sorgen die Stadtparks Taconera – mit Rehen in den Burggräben – und Media Luna.

Catedral de Santa María

Auf dem höchsten Punkt der Altstadt erhebt sich die Kathedrale mit ihren Zwillingstürmen. Hinter der neoklassizistischen Hauptfassade verbirgt sich ein gotisches Inneres, im Mittelschiff das *Alabastermausoleum* des navarresischen Königs Carlos III und seiner Gemahlin Leonor. In den herrlichen gotischen *Kreuzgang* gelangt man durch den gebührenpflichtigen Eingang in der Calle de la Dormitalería beim *Diözesanmuseum. Winter Mo–Fr 10 bis 13.30 und 16–19, Sa 10–13.30 Uhr; Sommer Mo–Fr 10–19, Sa 10 bis 14.30 Uhr*

Ciudadela

Die frei zugängliche Zitadelle stößt westlich der City an die ausgedehnten Grünanlagen der Vuelta del Castillo. Die Mauern stammen aus dem 16./17. Jh., Gebäude wie das einstige Pulverlager dienen heute als Rahmen für Kunstausstellungen. *Eingänge an der Avenida del Ejército und der Vuelta del Castillo*

Museo de Navarra

Fünf Ausstellungsebenen mit römischen Mosaiken bis hin zu moderner Kunst, Prunkstück ist das Goya-Porträt des Herzogs von San Adrián. *Di–Sa 9.30–14 und 17–19, So 11 bis 14 Uhr; Cuesta de Santo Domingo*

Don Lluis

Gute Tapaauswahl in der Bar, Tagesmenü ein Stock höher im Restaurant. In unmittelbarer Nähe der Plaza del Castillo, auch von Einheimischen stark frequentiert. *San Nicolás 1, Tel. 948 22 17 31, € – €€*

Montón

Schmackhafte Hausmannskost, werktags sehr gute Mittagsmenüs

Spaniens größte Fiesta, die Sanfermines: Die einen berauschen sich an der Atmosphäre, die anderen finden es ein ekelhaftes Spektakel

zu äußerst günstigem Preis. *Jarauta 29, Tel. 948 22 21 41, €*

Tapas

Populäre Kneipengassen sind die *Calle San Nicolás* und die *Calle San Gregorio*, gute Tapas im *Café Roch (Comedias)* und im *Río (San Nicolás)*.

Insider Tipp

ÜBERNACHTEN

Maisonnave

Zentral nahe dem Rathaus gelegen. Wählen Sie wegen des Ausblicks und der Ruhe ein Zimmer in den oberen Etagen! Mit Sauna und gutem Frühstücksbuffet. *138 Zi., Calle Nueva 20, Tel. 948 22 26 00, Fax 948 22 01 66, www.hotelmaison nave.es, €€ – €€€*

Hotel Eslava

Unscheinbarer Zugang, in ruhiger Altstadtecke, solide. *28 Zi., Plaza Virgen de la O 7, Tel. 948 22 22 70, Fax 948 22 51 57, www.hotel-esla va.com, € – €€*

Hostal Príncipe de Viana

Nahe dem Busbahnhof, wenige Gehminuten von der Altstadt. Solide; während der Fiesta im Juli verdreifachen sich die Preise jedoch. *12 Zi., Avenida Zaragoza 4, Tel. 948 24 91 47, Fax 948 24 91 46, €*

AUSKUNFT

Eslava 1, Tel. Tel. 848 42 04 20, Fax 848 42 46 30, www.navarra.es

ZIELE IN DER UMGEBUNG

Lizarra (Estella)   [166–167 C–D2]

Der Volksmund hat die Stadt (14 000 Ew.) 43 km südwestlich von Pamplona *Estella la Bella* getauft, »Estella die Schöne«. Highlights: die gotische Kirche *Santo Sepulcro* (Skulpturenportal mit dem Letzten Abendmahl), die Wehrkirche *San Pedro de la Rúa* (12./13. Jh.) und das romanische Palais der Könige von Navarra, heute *Kunstmuseum* mit Werken des baskischen Malers Gustavo de Maeztu. Beste regionale Spezialitäten serviert man im *Asador-Restaurante La Tasca (Navarro Villoslada 1, Tel. 948 55 62 07, € – €€)* – Küche mit Pfiff bei sehr gutem Preis-Leistungs-Verhältnis. Nicht weit davon liegt das Zweisternehotel *Yerri (28 Zi., Avenida Yerri 35, Tel. 948 54 60 34, Fax 948 55 50 81, €)*. Auskunft: *San Nicolás 1, Tel. 948 55 63 01, oit.estella@cfnavarra.es*

Puente la Reina   [167 D2]

Die kleine Pilgerfigur am Ortseingang 25 km südwestlich von Pamplona kündigt an: Hier vereinigen sich die beiden Jakobswegvarianten Camino Francés und Camino Aragonés. Auf das 11. Jh. geht die romanische Brücke zurück, im Ortsinnern läuft der Pilgerweg an den Kirchen *Crucifijo* und *Santiago* sowie einigen kleinen Bars vorbei. Angenehme Unterkunft im *Hotel Jakué (28 Zi., Irunbidea, Tel. 948 34 10 17, Fax 948 34 11 20, www.jakue.com, € – €€)*. Ein kurzer Abstecher (Abzweig ab der N 111) führt zur romanischen Kirche *Santa María de Eunate* (12. Jh).

Roncesvalles   [167 D2]

★ Das einstige Augustinerkloster von Roncesvalles duckt sich an die grünen Abhänge unterhalb des 1057-m-Passes Ibañeta 50 km nordöstlich von Pamplona und hält der zuweilen widrigen Witterung seit dem 12. Jh. stand. In der Stiftskirche verehren die Gläubigen ein Bildnis der Madonna. Für *Kreuzgang und Museum (tgl. 10–14 und 15.30–17.30, Sommer bis 19 Uhr)* löst man ein Kombiticket. Das Museum ist eine richtige ==Schatzkammer,== u. a. mit einem Reliquienschrein, den man »Schachbrett Karls des Großen« genannt hat. Auf dem nahen Ibañetapass erinnert ein Denkmal an den sagenumwobenen Ritter Roland, der 778 in der Schlacht von Roncesvalles gegen die Mauren fiel. Von der Passhöhe sehr schöner Blick über die Pyrenäengipfel. Im Restaurant *La Posada (Tel. 948 76 02 25, €€)* direkt an der Hauptstraße können Sie stilvoll essen; integriert ist auch ein Hostal *(18 Zi., €)*. Auskunft: *Antiguo Molino, Tel./Fax 948 76 03 01*

SANTIAGO DE COMPOSTELA

[164 B2] ★ Folgt man der Legende, begab es sich zu Beginn des 9. Jhs.: Von seltsamen Lichtern gelenkt, entdeckte der Eremit Pelayo hier das längst vergessene Grab des Apostels Jakobus. Ein neuer Wallfahrtsort war geboren, der heute zur Hauptstadt Galiciens aufgestiegen ist (100 000 Ew.). Ob die sterblichen Überreste des Heiligen wirklich in der Kathedrale ruhen, ist reine Glaubenssache.

Rund um den Jakobustag 25. Juli steigt das große Stadtfest. Zu jeder Zeit mischt sich das Pilger- mit regem Studentenleben. Belebte Einkehr- und Ausgehzonen liegen um die Rúa do Franco und die Rúa do Vilar.

Über die von der Unesco zum Weltkulturerbe erklärte Altstadt von Santiago de Compostela verteilen sich nicht weniger als 80 historische Monumente, die meisten in Granit erbaut. Die Hauptfront der alles beherrschenden Kathedrale weist zur Praza do Obradoiro, auf der sich weitere sakrale und weltliche Bauten konzentrieren. Einen schönen Fernblick auf die Kathedrale genießen Sie von der Parkanlage Alameda.

In Puente la Reina spannt sich die romanische Brücke über den Arga

Catedral

Geräusch- und Geruchspegel schlagen weit aus. Es riecht nach Ausdünstungen jeder Art, verschwitzte Wanderer und lautstark geführte Gruppen bahnen sich den Weg zum barocken Hauptaltar und zur Jakobus-Krypta. All dies gehört zur Atmosphäre in der Pilgerkathedrale (11.–18. Jh.), die ihre Besucher hinter dem Haupteigang mit dem berühmten *Pórtico de la Gloria* aufnimmt. Am Mittelpfeiler blickt man zur Jakobusskulptur auf. An hohen Festtagen wird der riesige Weihrauchwerfer *(botafumeiro)* in Schwung gebracht.

Der Kathedrale ist ein *Museum (Sommer Mo–Sa 10–14 und 16 bis 19.30, So 10–14 Uhr, sonst 10 bis 13.30 und 16–18.30, So 10 bis 13.30 Uhr)* angeschlossen; das Kombiticket erlaubt den Eintritt ins Königliche Pantheon, die Ausstellungsräume, den Kreuzgang sowie in den benachbarten erzbischöflichen Palast *Pazo de Xelmírez* (sehenswertes Kreuzrippengewölbe im Festsaal).

Colexiata de Sar

Insider Tipp Die romanische Stiftskirche mit ==kurios geneigten Säulen== liegt im Süden der Stadt; kleiner Kreuzgang und Museum. *Mo–Sa 10–13 und 16–19 Uhr, Sar*

Centro Galego de Arte Contemporánea

Im Zentrum für zeitgenössische Kunst sind wechselnde Ausstellungen zu sehen. *Di–So 11–20 Uhr, Rúa de Valle Inclán*

Museo das Peregrinacións

Pilgermuseum mit vielen Skulpturen und Infos zur Santiago-Wallfahrt. *Di–Fr 10–20, Sa 10.30–13.30 und 17–20, So 10.30–13.30 Uhr, Rúa de San Miguel 4*

Museo do Pobo Galego

Weitläufiges Volkskundemuseum, das Fischfang und alte Handwerke ebenso abdeckt wie Trachten und Musik. Den Rahmen bildet ein ehemaliges Dominikanerkloster. *Di–Sa 10–14 und 16–20, So 11–14 Uhr, Rúa de Valle Inclán*

Ó-42

Bei den Meeresfrüchten ein Hit. Von den Einheimischen stark frequentiert und auch gut für ein paar Tapas. *Rúa do Franco 42, Tel. 981 58 10 09, €–€€*

Toñi Vicente

Galicische Schätze aus Meer und Garten, in edelste Kochkunst verpackt. *Avenida Rosalía de Castro 24, Tel. 981 59 41 00, €€€*

Mo–Sa vormittags lebhafter ==Wochenmarkt== an der *Praza de Abastos,* frischer Fisch (außer Mo), Käse, Kräuter- und Gemüsefrauen mit Körben.

Insider Tipp

Campanas de San Juan

Freundliche Atmosphäre herrscht in dieser Altstadtpension mit gehobenem Standard nahe der Kathedrale. Sie liegt etwas versteckt und ist für Besucher mit Auto eher un-

Seit über 1000 Jahren zieht es die Jakobspilger in die Kathedrale von Santiago mit dem Grab des Apostels und dem riesigen Weihrauchkessel

geeignet. *7 Zi., Campanas de San Juan 6, Tel. 981 55 27 37, Fax 981 55 27 38, www.campanasde sanjuan.com, €*

Peregrino
Gepflegtes Viersternehaus ein Stück abseits des Citytrubels. Klimatisierter Sommerpool mit Grünanlagen, von den oberen Etagen schöne Ausblicke. *149 Zi., Avenida Rosalía de Castro, Tel. 981 52 18 50, Fax 981 52 17 77, www.hoteles-hespe ria.es, €€€*

AUSKUNFT
Rúa do Vilar, 43, Tel. 981 58 40 81, Fax 981 56 51 78, www.santiagotu rismo.com

ZIEL IN DER UMGEBUNG

Ria de Muros e Noia   **[164 A2]**
Den äußersten Inlandseinschnitt der Ria knapp 35 km westlich von Santiago de Compostela markiert das Städtchen *Noia* (16 000 Ew.), wo Sie sich die Kirchen *San Martiño* (schönes Portal) und *Santa María a Nova* (Grabplatten) ansehen sollten. Angenehme Unterkunft finden Sie im *Hotel Park Ria de Noya (63 Zi., Río do Porto, Tel. 981 82 37 29, Fax 981 82 31 33, €–€€)*. Am Nordauslauf der von künstlich zur Muschelzucht angelegten Inseln durchsetzten Ria breitet sich die *Praia de San Francisco* **Insider Tipp** aus, ein herrlicher sandiger Badestrand.

Muros (10 000 Ew.) präsentiert sich als ein besonders malerischer galicischer Fischerort. Natürlich dürfen vorzügliche Fischrestaurants wie *Don Bodegón (Porta da Vila, Tel. 981 82 78 02, €–€€)* nicht fehlen, und auch aus den Kneipen an der Durchgangsstraße wehen verführerische Düfte. Nach dem kulinarischen Stopp lohnt ein Bummel am Kai entlang und durch die handtuchschmalen Gassen der kleinen Altstadt.

Im Schatten der Bergriesen

Wer die Natur liebt, liegt hier goldrichtig – und folgt unausgetretenen touristischen Pfaden

Als natürliche Barriere schirmen die Pyrenäen Spanien von Mitteleuropa ab und spannen sich von der Atlantik- zur Mittelmeerküste. Im Zentralkamm wirft sich das Gebirge bis auf 3404 m auf, die raue Natur steht in Nationalparks wie Aigüestortes und Ordesa y Monte Perdido unter Schutz. Dank des boomenden Landtourismus werden zunehmend auch versteckter Winkel wie die aragonesische Provinz Huesca entdeckt, doch sind das keine Urlaubsregionen der Massen, sondern ideale Gebiete für Individualisten. Ruhe und Abgeschiedenheit sind garantiert.

HUESCA

[167 E3] Die Provinzhauptstadt (55 000 Ew.) liegt auf knapp 500 m zwischen Pyrenäen und Ebrobecken. Als Osca war sie schon den Römern bekannt und diente im Mittelalter kurzzeitig als Hauptstadt des Königreichs Aragonien. Die Innenstadt ist rasch überschaubar, Huesca wirkt auf angenehme Art provinziell.

Eine imposante aragonesische Trutzburg in den Pyrenäen: Castillo de Loarre zwischen Jaca und Huesca

SEHENSWERTES

Catedral
Gotische Kathedrale mit Ursprung im 13. Jh., im Hochaltar mischen sich Gotik und Renaissance. Angeschlossen ist das Diözesanmuseum. *Sommer tgl. 8–13.30 und 16–19, sonst tgl. 8–13 und 16 (Sa/So 16.30) bis 18.30 Uhr; Plaza de la Catedral*

San Pedro el Viejo
Kirche romanischen Ursprungs mit außergewöhnlich schönem Kreuzgang. *Mo–Sa 10–14 und 16–19 (Sommer 18–20) Uhr; Calle de los Cuatro Reyes*

ESSEN & TRINKEN

Restaurante 1900
Breites Angebot von Meeresfrüchten bis Entrecote, überzeugende Menüauswahl. *Padre Huesca 73, Tel. 974 24 48 58, €€*

ÜBERNACHTEN

Lizana II
Hostal ohne größere Ansprüche, aber gute Lage und guter Preis. *Plaza Lizana 6, Tel. 974 22 07 76, Fax 974 23 14 55, www.hostal-lizana. com, €*

Ein Schmuckstück: das reich verzierte Portal des Bergklosters Leyre

Pedro I de Aragón
Moderner Dreisternekomfort im Herzen der Stadt. *129 Zi., Calle del Parque 34, Tel. 974 22 03 00, Fax 974 22 00 94, www.gargallo-ho tels.com, €€ – €€€*

Plaza Luis López Allue, Tel. 974 29 21 70, Fax 974 29 21 54, www.huescaturismo.com

ZIELE IN DER UMGEBUNG

Candanchú [167 E2]
Klassischer Wintersportort 100 km nördlich an der französischen Grenze mit Berghotels, Skiliften und Pisten bis auf 2400 m. Der Großparkplatz liegt direkt an der Straße hinauf zum Pass von Somport. Ein typisches Wintersporthotel, in dem die Sommerpreise deutlich günstiger sind, ist das *Candanchú (54 Zi., Carretera de Francia, Tel. 974 37 30 25, Fax 974 37 30 50, www.hotelcandanchu.com, € – €€).*

Castillo de Loarre [167 E3]
Insider Tipp!
Als Bastion gegen die Mauren in der ersten Hälfte des 11. Jhs. errichtet, ist das Kastell eine der imposantesten Burgen Spaniens. Knapp 30 km nordwestlich von Huesca, wenige Kilometer hinter dem Dorf Loarre *(Nov.–Mitte März Di–So 10–16.30, Mitte März–Juni und Sept./Okt. Di–So 10–13.30 und 16–19, Juli/ Aug. tgl. 10–20 Uhr, www.castillo deloarre.com).* Hier wurden Teile des monumentalen Hollywoodstreifens »Königreich der Himmel« gedreht.

Jaca [167 E2]
Lebhaftes 14 000-Ew.-Städtchen 65 km nördlich von Huesca mit strate-

gischer Bedeutung und Zeugnissen mittelalterlicher Blüte. Über den Pass von Somport kommen seit alters Jakobspilger auf dem Camino Aragonés durch Jaca. In der City spielt sich das Leben um die lang gestreckte Calle Mayor ab, mitten in der Altstadt sitzt die romanische *Kathedrale*. Sehenswert sind der Kreuzgang und das Diözesanmuseum. Weiteres wichtiges Monument ist die *Zitadelle*. Solide Unterkunft im *Hotel Conde Aznar (24 Zi., Paseo de la Constitución 3, Tel. 974 36 10 50, Fax 974 36 07 97, www.condeaznar.com, €–€€)*. Auskunft: *Avenida Regimiento de Galicia 2, Tel. 974 36 00 98, Fax 974 35 51 65, www.aytojaca.es*

Gut 20 km südwestlich (Abzweig an der N 240) lohnt das eindrucksvolle frühromanische Felsenkloster *Monasterio de San Juan de la Peña (Öffnungszeiten stark wechselnd, Kernzeiten Di–So, im Sommer tgl. 11–14 und 16–17.30 Uhr)* aus dem 10. Jh. einen Besuch. Auf dem Weg hinauf sollte man einen Stopp an der interessanten romanischen Klosterkirche *Santa Cruz de Serós* einschieben.

Leyre, Javier, Sangüesa und Sos del Rey Católico [167 D2–3]

Hoch über dem Klosterplateau des ★ *Monasterio de Leyre* (ausgeschil-

derter 4-km-Abzweig zum Kloster ab der N 240) türmen sich die zerklüfteten Felsgebilde der Sierra de Leyre auf, im tiefen Tal breitet sich der blaugrüne Stausee von Yesa aus und flutet über die Grenze zwischen Aragonien und Navarra. Oben in der Bergeinsamkeit 120 km nordwestlich von Huesca erreichen Sie eines der schillerndsten Klöster am Camino Aragonés.

Aus der Frühzeit des Klosters stammt die romanische Krypta mit ihren klobigen Bögen und den tief in den Boden eingelassenen Säulen; das reich dekorierte Speciosaportal aus dem 12. Jh. geleitet in die romanisch-gotische *Kirche (tgl. 10.15 bis 14 und 16–19, Nov.–Feb. bis 18 Uhr)*. Die Benediktiner bringen abends und frühmorgens gregorianische Gesänge zu Gehör.

Sehr heimelig übernachten können Sie in den 33 recht kleinen Zimmern der *Hospedería (33 Zi., Tel. 948 88 41 00, Fax 948 88 41 37, www.monasteriodeleyre.com, €)*, des Gästehauses des Klosters. Hier tankt man Ruhe und genießt die gute Küche im angeschlossenen Restaurant.

In Sichtweite zur Sierra de Leyre klebt die *Burg von Javier (tgl. 9 bis 13 und 16–19 Uhr)* auf einem schroffen Felsplateau. Auf dem Kastell kam 1506 Francisco Javier zur

MARCO POLO Highlights »Pyrenäen und Ebrotal«

★ **Monasterio de Leyre**
Gebirgskloster mit einzigartiger Krypta und Gästehaus (Seite 69)

★ **Parque Nacional Ordesa y Monte Perdido**
Wandern im Herzen der Pyrenäen (Seite 70)

Welt, Mitbegründer des Jesuiten-
ordens und Schutzpatron von Navarra.

Prunkstück des alten Pilger-
städtchens *Sangüesa* am Río Aragón
ist die Kirche *Santa María la Real*
(12. Jh.), deren reich dekoriertes
Figurenportal den kleinen Abstecher lohnt. Einfache Unterkunft
bietet die Pension *Las Navas (6 Zi.,
Alfonso El Batallador 7, Tel.
948 87 00 77, €)*.

Noch einmal gut 10 km südöstlich erreichen Sie den traumhaften
Steinort *Sos del Rey Católico*, dessen Kern komplett unter Denkmal-
schutz steht.

Panticosa   [167 E2]

Thermalort 80 km nördlich auf
über 1600 m in der unverbrauch-
ten Bergfrische Aragoniens mit umliegenden Ski- und Wandergebie-
ten. Ansprechende, aber nicht allzu
komfortable Unterkunft finden Sie
im Einsternhotel *Panticosa (29 Zi.,
Tel. 974 48 70 00, Fax 974 48 70 01,
www.hotelpanticosa.com, €–€€)*.
Auskunft: *San Miguel, Tel.
974 48 72 48*

Parque Nacional Ordesa
y Monte Perdido   [167 E–F2]

★ Wilde Gebirgsromantik – in den
aragonesischen Pyrenäen haben die
Gletscherströme der Eiszeit U-för-
mige Täler wie jenes von Ordesa
hinterlassen, die heute Wanderer in
ihren Bann ziehen. Überragt von
den Gipfeln um den 3355 m hohen
Monte Perdido, steht das gut 150
km^2 große Gebiet rund 100 km
nordöstlich von Huesca als Nationalpark unter Schutz.

Für Wanderer beginnt der Ta-
gestourklassiker am Großparkplatz
Pradera de Ordesa, ca. 10 km nordöstlich von Broto auf einer Höhe

»Höhe 1700 m – Übernachten erst ab 2100 m gestattet«: Der Naturschutz im
Nationalpark Ordesa y Monte Perdido bewirkt ungewöhnliche Vorschriften

von rund 1200 m. Hier liegt das »Westtor« zum Park. Während der Karwoche sowie von Anfang Juli bis Mitte Oktober bleibt die Zubringerstraße zum Parkplatz für den Privatverkehr gesperrt, sodass man auf den eigens eingerichteten Busverkehr mit festen An- und Abfahrtszeiten angewiesen ist. Ziel der Wandertour (hin und zurück rund 20 km) ab Pradera de Ordesa ist der Wasserfall *Cola de Caballo* am Ende des spektakulären Ordesatals. Der Wanderweg ist zwar stramm, aber ohne besondere Schwierigkeiten, es bedarf weder alpinistischer Erfahrung noch spezieller Ausrüstung. Ausgedehntere Bergwanderstrecken führen bis auf den Monte Perdido. Im urigen *Torla* gibt es einige Unterkünfte wie das Zweisternehotel *Edelweiss (57 Zi., Avenida Ordesa, Tel. 974 48 61 73, Fax 974 48 63 72, www.ordesa.com/ hotel-edelweiss, €)*.

Der östliche Einstieg in den Parque Nacional führt über Bielsa 130 km nordöstlich von Huesca, 14 km weiter Richtung Zentralgebirge ist der kleine *Parador (29 Zi., Valle de Pineta, Tel. 974 50 10 11, Fax 974 50 11 88, bielsa@parador.es, €€)* erreicht. Auf der Website *www.ordesa.net* finden Sie zahlreiche gute Infos zum Nationalpark, den die Unesco zum Welterbe erklärt hat.

Roncal   [167 D2]

Das Valle de Roncal formt das östlichste Pyrenäental Navarras, ein tiefer, grüner Einschnitt mit weißer Pracht im Winter. Dann werden die Langlaufloipen eröffnet. Ansonsten ist das Steindorf *Roncal* 120 km nordwestlich von Huesca ein beliebter Stützpunkt für Wander- und Naturfreunde, die in einer Reihe von Landhäusern und im *Hostal Zaltua (11 Zi., Castillo 23, Tel. 948 47 50 08, €)* Unterkunft finden. Kleine Geschäfte bieten herzhaft-würzigen Schafskäse an. **Insider Tipp** Auskunft: *Carretera Isaba, Tel. 948 47 52 56, Fax 948 47 53 16, oit.roncal@cfnavarra.es*

Ab Roncal bestehen gute Ausflugsmöglichkeiten in die benachbarten Täler Salazar, Ansó und Hecho. In Ochagavía und Isaba finden Sie zahlreiche weitere Landhausunterkünfte *(casas rurales)*.

LA SEU D'URGELL

[172 C1] Alleine die Umgebung lohnt die Anfahrt: ein breites, sattgrünes Tal mit Weiden und Apfelbaumwiesen, nach Süden der Ausblick auf die Silhouette der Serra del Cadí, im Norden der Hauptstrang der Pyrenäen. Außerdem bietet das 13 000-Ew.-Städtchen malerische Altstadtgassen wie den Carrer Major und vor allem den von Arkaden flankierten Carrer dels Canonges, wo man sich in den Einheimischenbars Tapas und *vino* gönnen sollte. Nette Cafés an der Plaça dels Oms. Architektonisches Prunkstück der Altstadt ist die romanische Kathedrale *Santa Maria,* an die sich einer der prächtigsten spanischen Kreuzgänge und das lohnende *Diözesanmuseum (Sommer Mo–Sa 10–13 und 16–19, So 10–13 Uhr; sonst tgl. 11–13 Uhr)* anschließen. Beim Bummel durchs Grün hat man die Auswahl zwischen den beiden *Stadtparks Valira* und *Parc Olímpic del Segre.*

Eine gute Zweisternenunterkunft mit angeschlossenem Restaurant ist das im Zentrum gelegene *Hotel Nice (51 Zi., Avinguda Pau Claris 4–6, Tel. 973 35 21 00, Fax 973 35 12 21, www.hotelnice.net, €–€€).* Auskunft: *Avinguda Valls d'Andorra 33, Tel. 973 35 15 11, www.laseu.org*

ZIELE IN DER UMGEBUNG

Andorra   [172 C1]

Die Grenze zum 464 km^2 großen Zwergstaat und Steuerparadies Andorra liegt gerade einmal 10 km nördlich von La Seu d'Urgell. In den Einkaufsschneisen der Hauptstadt Andorra la Vella (22 000 Ew.) herrscht ein unvergleichliches Gewimmel. Banken und Megashops voller Alkoholika, Parfüms, Kameras und Kleider reihen sich vor allem an der Avinguda Meritxell auf. Ansonsten bietet Andorra la Vella keine zwingenden Ziele, doch die Blicke in die umliegende Bergwelt sind phantastisch. Höchster Punkt ist der Pic de Coma Pedrosa (2946 m). Mittlerweile hat sich das 65 000 Ew. starke Andorra zu einem populären Wintersportziel gemausert, über das sich rund 270 km Pisten verteilen.

Parc Natural del Cadí-Moixeró   [172 C1]

Der gut 400 km^2 große Naturpark, der 25 km südöstlich von La Seu d'Urgell beginnt, bietet Lebensraum u. a. für Gämsen, Marder und Steinadler. Prägnant für die Flora sind Weißtannen, Kiefern, Wacholder und Rhododendron. Die schroffe Vorgebirgswelt der Pyrenäen ragt hier bis zu 2648 m hoch auf. Im Frühjahr und Herbst gehen Wanderer ab Cava, Estana und Ansovell auf Tour.

Parque Nacional de Aigüestortes   [172 B–C1]

Wilde Gebirgskulissen von annähernd 3000 m Höhe, Wasserfälle, Gletscherseen und Kiefernwälder machen einen Trip in den rund 140 km^2 großen Nationalpark 80 km nordwestlich von Seu d'Urgell zum unvergesslichen Naturerlebnis. Größter See ist der *Estany de Sant Maurici.* Einstiegspunkte in den Nationalpark über Espot oder Boí. Infos im Internet unter *www.ribagorca.com*

ZARAGOZA

[167 E4] Volle Kraft voraus steuert Zaragoza seinem Großereignis im Jahr 2008 entgegen: Dann findet hier die Weltausstellung *(www.zaragozaexpo2008.es)* auf einem riesigen Gelände am Río Ebro statt. Angesichts der Fülle an Gewerbegebieten und Satellitenvierteln ist Aragóns Hauptstadt (620 000 Ew.) allerdings keine Liebe auf den ersten Blick – doch im historischen Kern ändert sich der Eindruck. Hier spürt man dem alten Zaragoza der Römer und Mauren nach und lässt sich von einer quicklebendigen Metropole einfangen, die mehr als 2000 Jahre Stadtgeschichte auf dem Buckel hat. Orientierung bietet das Turm- und Kuppelensemble der Basílica de Nuestra Señora del Pilar, die sich über den Ufern des Ebro erhebt.

SEHENSWERTES

Basílica de Nuestra Señora del Pilar

Die pompöse Glaubensburg ist das Wahrzeichen der Stadt. Die heutige

Gestalt der Basilika geht auf das 17. bis 20. Jh. zurück. Im dreischiffigen Inneren mischen sich barocke und klassizistische Einflüsse. Lohnende Panoramablicke über die Stadt vom ↘↗ Turm. *Sommer tgl. 5.45 bis 21.30, sonst Mo–Sa 5.45–20.30, So bis 21.30 Uhr, Plaza del Pilar*

Catedral de San Salvador (La Seo)

Stilmixtur vom 12. bis 18. Jh., einst auf den Resten einer Moschee errichtet. *Sommer Di–So 10–19, sonst Di–Fr 10–14 und 16–18, Sa 10–13 und 16–18, So 10–12 und 16–18 Uhr, Plaza de la Seo*

La Lonja

Die einstige Börse, ein prächtiges Renaissancepalais aus dem 16. Jh., dient heute als Ausstellungszentrum. *Di–Sa 10–14 und 17–21, So 10–14 Uhr, Plaza del Pilar*

Palacio de la Aljaferia

Maurisches Lustschloss aus dem 11. Jh., später umgebaut. *Sa–Mi 10 bis 14 und 16–18.30, Fr 16–18.30 Uhr, Sommer nachmittags jeweils 16.30–20 Uhr, Diputados*

Museo del Foro de Caesaraugusta

Hier geht es auf unterirdische Spurensuche in Zaragozas römischer Vergangenheit; mit guter audiovisueller Schau. *Di–Sa 10–14 und 17–20, So 10–14 Uhr, Plaza de la Seo 2*

Goyesco

Was Markt und Saison hergeben – ein zuverlässiger Klassiker in der Restaurantszene der Stadt. *Manuel Lasala 44, Tel. 976 35 68 70, €€–€€€*

El Patio de Don Julián

Günstige Mittagsmenüs in angenehmem Ambiente. *Don Teobaldo 8–10, Tel. 976 20 17 38, €*

Exklusive Shoppingzonen konzentrieren sich um die *Avenida de la Independencia.* Ein Bummel durch die schöne Markthalle *(Mercado Central, Avenida César Augusto)* ist allein wegen der stählernen Bautechnik von 1903 interessant.

NH Ciudad de Zaragoza

Zentral, drei Sterne, komfortabel und freundlich. *124 Zi., Avenida César Augusto 125, Tel. 976 44 21 00, Fax 976 44 33 61, www.nh-hotels. com, €€–€€€*

Plaza

Hostal in zentraler Lage. Zimmer mit Bad und TV. *13 Zi., Plaza del Pilar 14, Tel. 976 29 48 30, Fax 976 29 48 39, €*

🏃 Bars für junges Publikum vor allem um die *Calle Predicadores,* Cafés im Bereich der *Plaza Santa Cruz,* Tapabars und Pubs im Viertel *El Tubo.*

Plaza del Pilar, Tel. 976 39 35 37, Fax 976 72 12 81, http://turismo. ayto-zaragoza.es

Im klassischen Land des Urlaubs

An den Küsten zwischen der französischen Grenze und Andalusien reihen sich Buchten, Strände und lebendige Städte auf

Alljährlich erfüllen die Küstenregionen am Mittelmeer Millionen Ferienträume und halten für jeden Geschmack etwas bereit. Zubetonierte Streifen wechseln sich mit wildromantischen Badebuchten ab, scharfe Klippen mit langen Sandbändern, Urlaubskracher im Stile von Benidorm und Lloret de Mar mit historisch wertvollen Städten wie Tarragona. Und das weltoffene Barcelona ist ein Kapitel für sich.

Von Nordost nach Südwest stehen zur Wahl: die Wilde Küste (Costa Brava), die Goldküste (Costa Daurada), die Orangenblütenküste (Costa del Azahar), die valencianische Küste Costa de València, die Weiße Küste (Costa Blanca) und die Warme Küste (Costa Cálida). In einigen Regionen erfreut man sich an weit über 300 Sonnentagen pro Jahr. Klar, dass sich hier leben lässt. Viele auswärtige *residentes* fühlen sich wohl und haben sich Erst- oder Zweitwohnsitze zugelegt. Wegen ihrer guten Wasserqualität sind viele Strände mit der Blauen Flagge ausgezeichnet worden.

Costa Brava, Costa Blanca, Costa Daurada, wild, weiß oder golden: Spaniens Mittelmeerküste setzt immer neue Gesichter auf

Das Land, wo die Orangen blühn: im Hinterland der Costa Blanca

Über die Fülle an sehenswerten Zielen berichten die MARCO POLO Bände »Costa Brava«, »Costa Blanca« und »Barcelona«; dieser Band muss sich auf das Allerwichtigste beschränken.

ALACANT (ALICANTE)

[171 E4] Hinter der weit ausgedehnten Hafenstadt (290 000 Ew.) steckt weit mehr als eine bloße Anflugstation, von der aus man zu den Stränden der Costa Blanca aufbricht. Schon die alten Römer rühmten das besondere Licht, das sich heute sowohl über nüchterne Blocks als auch über schöne Promenaden, Yachten und angenehme

Palmenpromenade: die Explanada de Espanya, Alicantes Fliniersteg

Parkanlagen legt. Das Leben spielt sich rund ums Meer ab, in der Altstadt um das barocke Rathaus und die Kathedrale San Nicolás, in den geschäftigen Zonen um die Rambla Méndez Núñez. Marktatmosphäre lässt sich auf dem *Mercado Central* schnuppern, Gott und die Welt trifft sich auf der palmenbestandenen *Explanada de España*. Ein beliebter stadtnaher Strand ist die kilometerlange *Playa de Sant Joan*, Bootstouren führen zur *Isla de Tabarca* mit ihrer kleinen *Playa de Levante*.

SEHENSWERTES

Castillo de Santa Bárbara

Allbeherrschend thront die Burg auf dem schroffen Monte Benacantil über der Stadt – die Ausblicke sind grandios. Die Ursprünge reichen in maurische Zeiten Ende des 9. Jhs. Das Kastell ist bequem mit dem Aufzug *(ascensor)* erreichbar. *Tgl. 10–20, Winter 9–19 Uhr*

MUSEUM

Museo Arqueológico Provincial

Spaziergänge durch die Vergangenheit mit Schwerpunkten zwischen Prähistorie und Mittelalter. Das Haus ist unlängst zum besten europäischen Museum des Jahres gekürt worden. *Di–Sa 10–19, So 10–14 Uhr, Plaza del Dr. Gómez Ulla, www.marqalicante.com*

ESSEN & TRINKEN

Biomenú

Beliebtes vegetarisches Restaurant mit großer Auswahl, die man sich selbst zusammenstellt. Das Salatbuffet ist der Renner. *Navas 17, Tel. 965 21 31 44, €*

Dársena

Hier stimmen Meerblick und Küche, die Reisgerichte sind famos. *Marina Deportiva, Muelle de Levante 6, Tel. 965 20 75 89, €€€*

Castilla Alicante

Modernes Dreisternehaus an der Playa de Sant Joan, günstige Nebensaisontarife. *155 Zi., Avenida Países Escandinavos 7, Tel. 965 16 20 33, Fax 965 16 20 61, www.hotelcastill alicante.com, € – €€*

Goya

Solide Zweisternequalität 1 km vom Meer. Alle Zimmer klimatisiert. *84 Zi., Maestro Bretón 19, Tel. 965 14 16 59, Fax 965 20 01 30, www.centrotelgoya.com, €*

Rambla de Méndez Núñez 23, Tel. 965 20 00 00, Fax 965 20 02 43, www.alicanteturismo.com

Benidorm   [171 E–F3]

»Manhattan am Mittelmeer« – dieser Beiname trifft den Kern dieser Urlauberboomtown (65 000 Ew.) an der Costa Blanca. Hotelangebot und Entertainment sind riesig. Aus der Skyline ragt das Gran Hotel Bali hervor, eines der höchsten Hotels Europas. Den natürlichen Boden der Beliebtheit haben die beiden feinsandigen Strände bereitet, die *Playa de Levante* und die *Playa de Poniente.*

Wer in Benidorm Fun will, bekommt Fun. Für lange Nächte stehen all die Restaurants, Cafés, Pubs, Konzerte, Liveshows und Diskos. Zusatzvergnügen besonderer Art bietet der reißerisch aufgemachte Themenpark *Terra Mítica (Carretera Benidorm–Finestrat, März–Anfang Nov., Juni–Mitte Sept. tgl., sonst oft nur an den Wochenenden 10–20 oder 10–24 Uhr, www.terramiticapark.com)* – vorausgesetzt, man ist bereit, 33 Euro Eintritt zu investieren. Unter dem Oberthema alte Kulturen geht es auf die neuesten Fahrgeschäfte.

Hinter der Playa de Poniente finden Sie Unterkunft z. B. im Dreisternehotel *Poseidón Playa (306 Zi., Avenida Armada Española, Tel. 965 85 48 50, Fax 966 80 42 47, www.hotelesposeidon.com, € – €€)*; in der Nebensaison günstige Tarife! Auskunft: *Avinguda Martínez Ale-

---

MARCO POLO Highlights
»Östliche Mittelmeerküste«

★ **Girona**
Streifzüge durch die verwinkelte Altstadt (Seite 83)

★ **Tarragona**
Hier lebt die römische Vergangenheit fort (Seite 90)

★ **Gaudís Barcelona**
Das steinerne Erbe des genialen katalanischen Jugendstilarchitekten (Seite 80)

★ **Teatre-Museu Dalí**
Dalís surrealistische Phantasien bestaunt man am besten in seiner Heimatstadt Figueres (Seite 85)

Kein Treffpunkt für Einsamkeitsfanatiker: Blick auf Benidorms Skyline

jos 16, Tel. 965 85 13 11, Fax 966 80 88 58, www.benidorm.org

Elx (Elche)　　　　[171 E4]

In Elx 20 km südwestwärts gibt es mehr Palmen als Bewohner (198 000 Ew.). *El Palmeral,* der historische Palmenhain aus der Maurenzeit, zählt zum Welterbe der Unesco. Eine weitere schöne Gartenanlage heißt *Huerto del Cura.* Stilvolle Unterkunft dort: *Hotel Huerto del Cura (86 Zi., Porta de la Morera 14, Tel. 966 61 00 11, Fax 965 42 19 10, www.hotelhuertodelcura.com, €€ – €€€).* Auskunft: *Parque Municipal, Tel. 965 45 27 47, Fax 965 45 78 94, www.turismedelx.com*

BARCELONA

 Karte auf Seite 174/175

[173 D3] Kataloniens Hauptstadt (1,6 Mio. Ew.) zählt zu den pulsie-

rendsten und faszinierendsten Metropolen Europas. Barcelonas Geschichte reicht bis in die Römerzeit zurück. Größter Pluspunkt der Stadt ist ihre Vielgesichtigkeit. Da gibt es Parks und Promenaden, Altstadt und Ausgehzonen, den Hafen und die Rambla, reichlich Museen und die Jugendstilbauten Antoni Gaudís. Barcelona breitet sich zwischen den Ausläufern der Serra de Collserola und dem Mittelmeer aus, die 13 km breite Uferzone ist von mehreren lohnenden Stränden durchsetzt. Hausberge sind der hafennahe ✹ *Montjuïc* und der rückwärtig gelegene ✹ *Tibidabo* (532 m), die beide hervorragende Ausblicke bieten. Ausführliche Informationen finden Sie im MARCO POLO Band »Barcelona«.

SEHENSWERTES

Da sich nicht alles zu Fuß bewältigen lässt, gibt es mehrere Möglichkeiten, die Mittelmeermetropole zu entdecken. Ein erstklassiges Fortbewegungsmittel ist die Metro, die auf fünf Linien verkehrt und alle wichtigen Ziele ansteuert. Speziell auf die Bedürfnisse von Besuchern ist der *Bus Turístic (www.tmb.net)* abgestimmt (Tagesticket 17 Euro, Zweitagesticket 21 Euro). Zu empfehlen ist auch die *Barcelona Card (ab 17 Euro/Tag bis 30 Euro/5 Tage)*. Damit erhält man Ermäßigungen bzw. freien Eintritt in vielen Museen, außerdem ist die kostenlose Benutzung öffentlicher Transportmittel enthalten. Die Card bekommen Sie in den Touristeninformationen.

Barri Gòtic [175 D–E5]

Im Gotischen Viertel schlägt Barcelonas wahres Altstadtherz, pocht das Leben zwischen Rambla und *Kathedrale*. Im Kreuzgang des wuchtigen Gotteshauses erinnern 13 weiße Gänse an jenes Alter, in dem die junge Stadtpatronin Eulalia ihr Martyrium erlitt. Die *Pla de la Seu,* die *Plaça del Pi* und die *Plaça de Sant Jaume* zählen zu Barcelonas Vorzeigeplätzen, Letztere mit dem Rathaus. Die architektonische Pracht setzt sich mit dem *Königspalast* und dem *Historischen Stadtmuseum* fort. Mindestens ebenso schön ist ein Streifzug durch die engen Gassen; im Bereich um den *Carrer del Call* lag im Mittelalter das Judenviertel. Für den abschließenden Höhepunkt und den Übergang zur nahen Rambla sorgt die arkadenumzogene *Plaça Reial* – hier sollten Sie sich einen Drink gönnen.

Eixample [174–175 C–D 4–5]

Eixample heißt der Neustadtgürtel nördlich der Plaça de Catalunya, der im 19. Jh. am Reißbrett entstand. Der *Passeig de Gràcia,* eine 60 m breite Promenade mit vielen Restaurants und eleganten Geschäften, versammelt die besten architektonischen Zeugnisse des *modernisme,* der katalanischen Variante des Jugendstils.

Català, euskera, galego

Selbstgefühl durch eigene Sprachen und Traditionen

Spanien ist offizielles Viersprachenland. Außer dem normalen Spanisch *(castellano)* sind Katalanisch *(català)*, Baskisch *(euskera)* und Galicisch *(galego)* verbreitet. Besonders ausgeprägt ist die Benutzung von *català,* das von etwa 6 Mio. Menschen gesprochen bzw. verstanden wird. Die Verbreitung reicht vom Rand der Pyrenäen bis hinab an die Costa Blanca, während sich *euskera* auf das historische Baskenland und *galego* auf die Großregion Galicien beschränkt. Der Gebrauch der eigenen Sprachen unterstreicht regionales Selbstbewusstsein, das zu Zeiten der Franco-Diktatur nach Kräften unterdrückt wurde. In Katalonien ist man ebenso stolz auf eigene Sitten und Gebräuche, tanzt die *sardana,* baut bei Festen Atem raubende Menschenburgen und hisst natürlich die eigene Flagge, *senyera* genannt.

Casa Milá: Die skurrilen Bauten von Gaudí erweichen auch Architekturmuffel

Gaudís Barcelona

⭐ In Barcelona hat Jugendstilgenie Antoni Gaudí (1852–1926) seine weltweit bekanntesten Werke hinterlassen. Nach englischem Vorbild einer Gartenstadt schuf er den traumhaften *Parc Güell* (**[0]**, *tgl. 10–18, Sommer 10–21 Uhr;* dort auch *Casa-Museu Gaudí*, sein vorübergehendes Wohnhaus); die *Casa Milá /*(**174 C4**), *tgl. 10–20 Uhr, Passeig de Gràcia 92);* die *Casa Batlló /*(**175 D4**), *Passeig de Gràcia 43);* den kuriosen Stadtpalast für seinen Förderer Eusebi Güell, *Palau Güell /*(**175 D5**), *bei Redaktionsschluss geschl., Nou de la Rambla 3–5),* und die grandiose Sühnekirche *Sagrada Família /*(**[0]**, *März–Sept. tgl. 9–20, Okt.–Feb. 9–18 Uhr; Carrer de Mallorca, www.sagradafamilia.org),* an der immer noch weitergebaut wird; in der Krypta liegt Gaudí begraben.

Parc de la Ciutadella[175 E–F 4–5]

Weitläufige grüne Lunge und 1888 Schauplatz der Weltausstellung, an die der *Arc de Trionf* erinnert. Das Areal ist beliebt unter Spaziergängern und Joggern. Einen Teil des Parks nimmt der täglich geöffnete *Zoo (www.zoobarcelona.com)* ein. Ebenfalls hier zu finden ist das katalanische Parlament.

Parc de Montjuïc **[174–175 C–D6]**

Über den 213 m hohen Berg verteilen sich gleich mehrere Sehenswürdigkeiten. Traumhafte Ausblicke gibt das historische ◀▎▶ *Kastell* (mit *Museu Militar*) frei. Das *Olympiastadion* erinnert an die Sommerspiele 1992, das künstliche »Spanische Dorf« *Poble Espanyol (Mo 9–20, Di–Do 9–2, Fr 9–4, Sa 9–6, So 9–24 Uhr; www.poble-espanyol.com)* an die Weltausstellung 1929. Einen Höhepunkt beschert das im vieltürmigen Palau Nacional untergebrachte *Museu Nacional d'Art de Catalunya (Di–Sa 10–19, So 10–14.30 Uhr; www.mnac.es),* das alle Kunstgeschichte vom 10. bis 20. Jh. aufrollt. Ganz im Zeichen des Malers und Bildhauers Joan Miró

(1893–1983) steht das Museum *Fundació Joan Miró (Di–Sa 10–19, Sommer bis 20, So 10–14.30 Uhr; www.bcn.fjmiro.es).*

Port Vell   [175 E5–6]

Der Alte Hafen beginnt hinter dem Kolumbus-Denkmal und lockt nicht nur mit dem Blick auf die Yachten. Magnetisch zieht der stilvolle Geschäfts- und Ausgehkomplex *Maremagnum* Besucher an, das *Aquarium (Mo–Fr 9.30–21, Sa/So 9.30 bis 21.30, im Sommer abends bis 23 Uhr, www.aquariumbcn.com)* ist eines der besten in ganz Spanien. An Bord der *golondrinas*-Boote stechen Sie zu interessanten Hafenrundfahrten in See. An Land lohnt sich von hier aus ein Abstecher ins Viertel Barceloneta.

Rambla   [175 D5]

Flanierpromenade Nummer eins, bei Tag und Nacht ein Erlebnis. Die Rambla verläuft von der Plaça de Catalunya 1200 m hinab Richtung Kolumbus-Denkmal und Hafen, vorbei an Cafés, Hotels, dem *Mercat de la Boqueria* (legendäre, stimmungsvolle Markthalle) und dem Opernhaus *Gran Teatre del Liceu*. Für buntes Leben sorgen Straßenkünstler, Musiker, Karikaturisten, Blumenhändler. Handfester Tipp: Vorsicht vor Taschendieben!

MUSEEN

Cosmocaixa   [0]

Neues Wissenschaftsmuseum, das sich in lebendig aufgemachter Form Bereichen wie Geologie und Astronomie widmet. Auch interessante Wechselausstellungen. *Di–So 10 bis 20 Uhr, Teodor Roviralta 47–51, http://portal1.lacaixa.es*

Fundació Tàpies   [175 D4]

Werkschau des katalanischen Malers und Grafikers Antoni Tàpies. *Di–So 10–20 Uhr, Aragó 255, www.fundaciotapies.org*

Museu Marítim   [175 D–E6]

Allein der Rahmen des Schifffahrtsmuseums – die alten königlichen Werfthallen – ist ein Erlebnis. *Tgl. 10–20 Uhr, Avinguda de Drassanes, www.museumaritimbarcelona.org*

Museu Picasso   [175 E5]

Hervorragend aufbereitete Werkschau von Meister Picasso, die sich über mehrere miteinander verbundene Paläste erstreckt. Für Kunstliebhaber ein Muss! *Di–So 10–20 Uhr, Montcada 15–19, www.museupicasso.bcn.es*

ESSEN & TRINKEN

Can Culleretes   [175 D5]

Seit 1786 ein Klassiker unter Barcelonas Speisetempeln, typische regionale Kost. *Quintana 5, Tel. 933 17 64 85, €€ – €€€*

Pinotxo   [175 D5]

Ein echtes Tapaparadies am Mercat de la Boqueria, etwas zurückgesetzt von der Rambla. An der Theke treffen Einheimische und Auswärtige zusammen. *Mo–Sa 6–16 Uhr, Tel. 933 17 17 31, €*

Tapa Tapa   [175 D4]

Hier bekommen Sie Häppchen bis zum Abwinken. *Passeig de Gràcia 44, Tel. 934 88 33 69, €*

EINKAUFEN

In der Oberstadt (**[174–175 C–D4]**, *Rambla de Catalunya, Passeig de*

Gràcia, Avinguda Diagonal samt Seitenstraßen) werden die Geschäfte erlesener und teurer. Bodenständiger geht es in der Altstadt zu, auch was Konditorwaren und Delikatessen betrifft. Die Kaufhauskette *El Corte Inglés* ist gleich mehrfach vertreten (u. a. an der *Plaça de Catalunya* [175 D4–5] und an der *Avinguda del Portal de l'Àngel* [175 D5]).

ÜBERNACHTEN

Central   [175 D4]
Ordentliches Hostal, Zimmer mehrheitlich mit Bad, strategisch günstig im erweiterten Zentrumsbereich unweit der Plaza Tetuán gelegen. *13 Zi., Carrer Diputació 346, Tel. 932 45 19 81, Fax 932 70 07 54, www.hostalcentralbarcelona.com,* €

Gaudí   [175 D5]
Nahe der Rambla und gegenüber dem Palau Güell gelegen, freundliches Dreisternehaus. *73 Zi., Carrer Nou de la Rambla 12, Tel. 933 17 90 32, Fax 934 12 26 36, www.hotelgaudi.es,* €€ – €€€

AM ABEND

Gute Anlaufstellen für junges Publikum sind die 🏃 *Plaça Reial* [175 D–E5] und 🏃 die *Carrer Escudellers* sowie die Kneipen im Riberaviertel [175 E5]. Im Stadtteil *Gràcia* [O] schwärmen die Einheimischen besonders gerne in Tapabars aus. Der Freizeitkomplex 🏃 *Maremàgnum* [175 E6] am Hafen ist ein Dauerbrenner, die am Wochenende bis 5 Uhr geöffnete *Diskothek Piratas* (*[O], Carrer de la Muntanya 8*) in Mode.

AUSKUNFT

Plaça de Catalunya 17 [175 D4–5], *Tel. 807 11 72 22, von Deutschland*

Spaniens berühmteste Markthalle: La Boqueria an Barcelonas Rambla

aus *0034/932 85 38 34*, *www.bar celonaturisme.com*und *www.bcn.es*; weitere Infobüros an der *Plaça Sant Jaume* **[175 E5]** und der *Estació de Sants* **[174 B5]** sowie am *Flughafen* **[0]**.

ZIEL IN DER UMGEBUNG

Sitges   **[172 C3]**

Strand- und Badestadt (20 000 Ew.), die sich gerne »Juwel des Mittelmeers« nennt und eine bewegte Gayszene anzieht. Sandstränden und Palmenpromenaden sind die großen Pluspunkte, die verwinkelten Gassen der Altstadt bieten freundliche Ansichten und reichlich Möglichkeiten zur Einkehr und zum Shoppen. An der Meereslinie beherrscht der Felsvorsprung zwischen den Stränden Sant Sebastià und Fragata das Bild; gleich dahinter liegen das Rathaus, die Kirche und das Kunstmuseum *Cau Ferrat*.

In einem Sitges gibt es mehrere Campingplätze; das Viersternehotel *Antemare (112 Zi., Verge de Montserrat 48–50, Tel. 938 94 70 00, Fax 938 94 63 01, www.antemare.com, €€€)* bietet feudale Unterkunft in einer vergleichsweise ruhigen Zone.

GIRONA

[173 D2] ★ Die freundliche Provinzhauptstadt (75 000 Ew.) liegt am Riu Onyar und zeigt sich mit den flussnahen *Cases de l'Onyar* von ihren buntesten Seiten – die Häuser erstrahlen in gelben, roten und blauen Farben. In der überaus charmanten Altstadt hält sich die Erinnerung an das mittelalterliche Judenviertel lebendig. Markanteste Bauwerke in der Altstadt sind die *Kathedrale* und die gotische Stiftskirche *Sant Feliu* mit ihrem hoch aufragenden Glockenturm. Überall laden kleine Bars und Restaurants zum Einkehren und verwinkelte Gassen zum Entdecken ein. Als breitere Bummelmeile sticht die *Rambla de la Llibertat* hervor, etwas außerhalb liegt der Stadtpark *La Devesa*.

SEHENSWERTES

Banys Àrabs

Araber haben sich in diesen »arabischen Bädern« nie geaalt. Es handelt sich um einen gleichwohl sehr interessanten Nachbau aus dem 12. Jh. *Juli/Aug. Mo–Sa 10–20, So 10 bis 14, April–Juni und Sept. Mo–Sa 10–19, So 10–14, Okt.–März tgl. 10–14 Uhr, Ferrán el Catòlic*

El Call

Dieser Name umreißt Kataloniens wichtigstes mittelalterliches Judenviertel, gelegen im Bereich um die Gasse Carrer de la Força. Gironas Judenviertel entwickelte sich ab dem 9. Jh., bis zu 1000 Menschen lebten hier; bei den großen antisemitischen Unruhen 1391 wurden viele Bewohner getötet oder vertrieben. Mitten im Viertel hält das im *Centre Bonastruc ça Porta* untergebrachte Jüdische Geschichtsmuseum *(Museu d'Història dels Jueus, Sant Llorenc, Mo–Sa 10–18, Sommer 10–20, So 10–15 Uhr)* die Erinnerung wach.

Catedral

Eine breite Freitreppe führt hinauf zur Kathedrale, die vom 11. bis 18. Jh. in verschiedenen Stilen erbaut wurde. Im Innern Zugang zum Kathedralmuseum. *Di–Sa 10–14 und*

16–18 (März–Juni bis 19, Juli bis Sept. bis 20), So 10–14 Uhr, Plaça Catedral 12

Passeig de la Muralla

 Spaziergang über die Stadtmauerpromenade, wo Sie sich hoch über das historische Viertel erheben und von Türmen und Mauergängen schöne Aussichten genießen. Einstiegspunkte nahe Kathedrale und Plaça de Catalunya.

Museu Arqueològic

Archäologisches Museum, teilweise untergebracht im vormaligen Benediktinerkloster Sant Pere de Galligants (11./12. Jh.). Sommer Di–Sa 10.30–13.30 und 16–19, So 10–14 Uhr, sonst Di–Sa 10–14 und 16–18, So 10–14 Uhr, Plaça de Santa Llúcia

Museu d'Art

Interessantes Kunstmuseum neben der Kathedrale. Exponate aus dem Mittelalter (Romanik, Gotik) und auch aus dem 19./20. Jh. (modernisme). Di–Sa 10–18 (März–Sept. bis 19), So 10–14 Uhr, Pujada de la Catedral 12, www.museuart.com

Museu del Cinema

Kinomuseum, das auf die Sammelleidenschaft des katalanischen Cineasten Tomàs Mallol zurückgeht. Auch Wechselausstellungen. Mai bis Sept. Di–So 10–20, Okt.–April Di–Fr 10–18, Sa 10–20, So 11–15 Uhr, Carrer Séquia 1, www.museudelcinema.org

Museu d'Història de la Ciutat

Stadtgeschichtliches Museum, das von den Zeiten der Römer bis ins 20. Jh. reicht. Auch Wechselausstellungen. Di–Sa 10–14 und 17 bis 19, So 10–14 Uhr, Carrer de la Força 27

Albereda

Katalanische Küche, gehobenes Niveau. Albereda 9, Tel. 972 22 60 02, €€ – €€€

Tapas

Kneipen und Cafés im Bereich der Rambla de la Llibertat.

Costabella

Solides Dreisternehaus mit kleinem Pool. Am Wochenende oft günstigere Preise (nach tarifa fin de semana fragen!). 47 Zi., Avinguda França 61, Tel. 972 20 25 24, Fax 972 20 22 03, www.hotelcostabella.com, €€

Rambla de la Llibertat 1, Tel. 972 22 65 75, Fax 972 22 66 12, www.ajuntament.gi

Ausführliche Informationen im MARCO POLO »Costa Brava/Barcelona«.

Blanes   [173 D2]

Letztes Strand- und Hafenstädtchen (33 000 Ew.) am Südende der Costa Brava, das sich unter Campern großer Beliebtheit erfreut und auch sonst mit einem beachtlichen Unterkunftangebot auftrumpft. Die Hauptstrände heißen Platja de Blanes und Platja de S'Abanell, etwas abseits liegt die malerische Badebucht *Cala de Sant Francesc.* Die Promenaden und das geschäftige Hafenviertel sollten Sie nicht versäumen. Die traditionelle *Fischauktion* steigt Mo–Fr ab etwa 16 Uhr am Hafen. Im Altstadtviertel um den Passeig de Dintre finden Sie Bars und Cafés, die überwiegend von Einheimischen frequentiert werden.

Etwas außerhalb, in traumhafter Lage hoch über dem Meer, breitet sich der botanische Garten ❧ *Jardí Botànic Mar i Murtra (April–Okt. tgl. 9–18, Nov.–März Mo–Fr 10 bis 17, Sa/So 10–14 Uhr, www.jbotan icmarimurtra.org, Passeig Carles Faust 9)* aus. Auskunft: *Passeig de Catalunya 2, Tel. 972 33 03 48, Fax 972 33 46 86, www.blanes.net*

Cadaqués und Port Lligat   [173 E1]

Das malerische Küsten- und Hafenstädtchen (2500 Ew.) an der Costa Brava, von Künstlergenie Salvador Dalí einst als »verträumtes Dorf« betitelt. Dalí und andere sorgten dafür, dass Cadaqués zum viel beachteten Künstlertreff aufstieg und noch heute von diesem Image profitiert. Geblieben sind die kalkweißen Häuser, die pittoreske Bucht und die südländische Stimmung in den Altstadtgassen. Im Juli und August kann es drangvoll eng werden, dann empfehlen sich Reservierungen in den Restaurants, von denen sich viele am Passeig Marítim aufreihen. Für komfortable Unterkunft steht das Hotel *Playa Sol (49 Zi., Pianc 3, Tel. 972 25 81 00, Fax 972 25 80 54, www.playasol.com, €–€€€)*; die vom Ausblick abhängigen Zimmerpreise schwanken ganz erheblich.

Lohnende Ausflüge führen ab Cadaqués nach Port Lligat und zum Cap de Creus. Im winzigen *Port Lligat* erwartet Sie die *Casa-Museu Salvador Dalí (Führungen in kleinen Gruppen, offiziell nur Zugang mit Vorabreservierung, Tel. 972 25 10 15, www.salvador-dali.org, Mitte März bis Mitte Juni sowie Mitte Sept. bis Anfang Jan. Di–So 10.30–18, Mitte Juni–Mitte Sept. tgl. 10.30–21 Uhr)*, das einstige Wohnhaus Dalís und seiner Muse Gala, das sie gemeinschaftlich aus Fischerhäuschen erwachsen ließen. Herausgekommen ist eines der kuriosesten Häuser in ganz Spanien, das in jedem Winkel herrlich versponnene Verrrücktheiten bietet.

Im Naturpark *Cap de Creus* herrscht eine wildromantische Szenerie vor: Felsformationen, schroffe Buchten, Inselchen. Die letzten Pyrenäenausläufer versinken im Meer, das Kap selbst schiebt sich tief in die See hinein. Einen weithin sichtbaren Anhaltspunkt bietet der Leuchtturm; das benachbarte Restaurant *Cap de Creus (Tel. 972 19 90 05, €€)* lohnt den Besuch allein wegen der ❧ Panoramaterrasse und des Blicks über die See. Im Restaurant werden Fisch- und indische Currygerichte serviert, man kann auch eines von drei Apartments mieten (€– €€).

Figueres   [173 D1]

Niemand kommt allein wegen des Bummelns, Einkaufens und Ausgehens in dieses Binnenstädtchen (35 000 Ew.). Magnetische Kraft übt das ★ *Teatre-Museu Dalí (Juli bis Sept. tgl. 9–19.45, Okt.–Juni Di bis So 10.30–17.45 Uhr, www.salva dor-dali.org)* aus, das einstige Stadttheater, das Meister Dalí in seiner Heimatstadt mit überbordenden Phantasien in einen Kunsttempel

Dalí-Museum: Besuch beim Genie

erster Güte verwandelte. Ausgewählte Bilder Dalís sind ebenso zu sehen wie eigens für dieses Museum gestaltete Säle wie die Sala Mae West. Im Foyer begrüßt einen der Cadillac mit Kühlerfigur, in der vergleichsweise schlichten Krypta liegt Dalí begraben.

Nach dem Museumsbesuch können Sie sich der freundlichen, kleinen Altstadt und der Rambla zuwenden. Unterkunft bietet das *Hotel Duran (60 Zi., Lasauca 5, Tel. 972 50 12 50, Fax 972 50 26 09, www.hotelduran.com, €€)*, das überdies mit einem guten Restaurant (€€–€€€) lockt; hier wird katalanische Speisetradition seit 1855 kultiviert und zelebriert. Auskunft: *Plaça del Sol, Tel. 972 50 31 55, Fax 972 67 31 66, www.figuresciutat.com*

La Bisbal und Púbol [173 D–E2]

Nehmen Sie sich auf jeden Fall genügend Zeit für Ausflüge ins Hinterland! *La Bisbal d'Empordà* bietet reichlich Keramikshops, bei *Ullastret* liegen die Reste einer Siedlung der Iberer. In Pals und Peratallada halten sich die mittelalterlichen Bilder mit lauschigen Plätzen und Gassen, Bogendurchgängen und Bruchsteinhäusern lebendig. In Peratallada sitzen Sie in den Terrassencafés im Bereich der Plaça de les Voltes besonders nett.

Nehmen Sie ein weiteres Mal die Spur von Salvador Dalí auf, diesmal im eigentlich unscheinbaren *Púbol* 10 km nordwestlich von La Bisbal. Dalí schenkte die dortige Burg seiner Muse Gala, zu Beginn der Achtzigerjahre wohnte er vorübergehend selbst hier. Heute ist diese *Casa-Museu Castell Gala Dalí (Mitte März–Okt. Di–So 10.30–18, Sommer tgl. 10.30–20 Uhr; www. salvador-dali.org)* für Besucher freigegeben. Zu den Skurrilitäten zählen Elefantenskulpturen im Garten.

Lloret del Mar [173 D2]

🏃 Dutzende Diskos, Kneipen, Bettenburgen, Spielhallen, Highlife und Anmache bis zum Abwinken – fröhlich rein ins Sommergetümmel. Wer sich für diesen Freiluftrummelplatz (22 000 Ew.) an der Costa Brava entscheidet, weiß, was er will. Tagsüber trifft man sich am 1,6 km breiten Hauptstrand, nach Einbruch der Dunkelheit geht es in den dahinter liegenden Straßen so richtig los. Die Innenstadt mit ihrer weit ausgreifenden Fußgängerzone ist ein einziges Einkaufscenter. Auskunft: *Avinguda de les Alegries 3, Tel. 972 36 57 88, Fax 972 36 18 18, www.lloret.org*

Palafrugell und Cap Roig [173 E2]

Palafrugell (18 000 Ew.) dient als Sprungbrett an die nahen Strände und hat das recht interessante Korkmuseum *Museu del Suro (Sommer Di–Sa 10–13 und 17–21, So 10.30–13.30 Uhr; sonst Di–Sa 17–20, So 10.30–13.30 Uhr; Tarongeta 31, www.museudelsuro.org)* zu bieten. Sonntags findet ein großer Markt statt. Auskunft: *Plaça de l'Església, Tel. 972 61 18 20, Fax 972 61 17 56, www.palafrugell.net*

An der Küste locken der Strand- und Fischerort *Calella de Palafrugell, Tamariu* und *Llafranc,* wo sich der sommerliche Zustrom rund um den Hafen und die gefällige Promenade konzentriert. Die ursprünglichen, freundlichen Bilder haben ihren Preis – speziell in Llafranc wirkt manches ein wenig überteuert. Ein kurzer Ausflug führt zum *Cap Roig* mit seinem botanischen Garten, hoch hinauf geht es zum Leuchtturmplateau des *Far de Sant Sebastià.* Dort ist das gleichnamige *Hotel (9 Zi., Muntanya de Sant Sebastià, Tel. 972 30 16 39, Fax 972 30 43 28, hotelfss@intercom. es, €€€)* untergebracht.

Palamós [173 E2]

Rund 40 km südöstlich von Girona gelegenes Hafenstädtchen (15 000 Ew.) mit breitem Sandstrand bis zur Nachbargemeinde Sant Antoni de Calonge. Ausgedehnte Promenaden und sommerliche Sportangebote zählen zu den weiteren Pluspunkten. In der Altstadt sind die gotische Kirche Santa Maria del Mar und die Carrer Major die wichtigsten Anhaltspunkte. Unterkunft mit Pool und Garten bietet das Hotel *Sant Joan (22 Zi., Avinguda Llibertat 79, Tel. 972 31 42 08, Fax 972 31 20 28, www.hotelsantjoan.com, €€).* Auskunft: *Passeig del Mar, Tel. 972 60 05 50, Fax 972 60 01 37, www.palamos.org.* Ein Stück weiter südwestlich schließt sich mit *Platja d'Aro* das nächste Ferienzentrum an der Costa Brava an; auch dort überzeugt der lange Hauptstrand.

Roses [173 E1]

Roses (15 000 Ew.) ist für seine ausgedehnten Sandstrände, seine

Ein Treffpunkt der Jugend Europas: Lloret del Mar

Promenaden und vielfältigen Sportmöglichkeiten sowie sommerliches Highlife bekannt. Wer es ruhiger liebt, quartiert sich im außerhalb gelegenen Landhaus *Mas Palou (5 Zi., Arenes, Tel. 972 25 57 04, www.maspalouroses.com, €€)* ein. Kulturell Interessierte merken sich die Zitadelle vor. Auskunft: *Avinguda de Rhode 101, Tel. 902 10 36 36, www.rosesweb.info*

Tossa de Mar [173 D2]

Schon die Römer schätzten diesen Küstenstreifen, den die Kunstszene im Lauf des 20. Jhs. für sich entdeckte. Der Maler Marc Chagall schwärmte vom »blauen Paradies« Tossa de Mar (4000 Ew.). Trotz aller Besuchermassen bleibt das Städtchen eine der schönsten Entdeckungen an der Costa Brava. Hier stimmt die Mischung aus Natur und Kultur: die Strände, die Altstadt, die historische Mauerbefestigung, die Restaurants, das *Museu Municipal* u. a. mit einem Werk von Chagall. Auskunft: *Avinguda Pelegrí 25, Tel. 972 34 01 08, Fax 972 34 07 12, www.infotossa.com*

MURCIA

[171 D4] Die knapp 1200-jährige Stadt (345 000 Ew.) geht auf die Mauren zurück, die sie in einen wuchtigen Mauermantel steckten und Mursiya nannten. Heute sticht die Region Murcia als einer der größten Obst- und Gemüselieferanten Spaniens hervor. Pfirsiche und Aprikosen gedeihen hier ebenso wie Weintrauben und Paprika. Angesichts von 2800 Sonnenstunden pro Jahr passt der touristische Slogan »Wo die Sonne zu Hause ist«

haargenau – im Sommer nicht selten mit Temperaturen um 40 Grad. Wichtigstes Bauwerk in der Stadt ist die Ende des 14. Jhs. im gotischen Stil begonnene Kathedrale. Während der Karwoche ist Murcia Schauplatz von interessanten Prozessionen.

MUSEEN

Museo de la Ciudad
Stadtmuseum in historischem Palais. *Di–Sa 10–14 und 17–20, So 11–14 Uhr, Juli/Aug. Sa/So geschl., Plaza Agustinas 7, www.murcia-museociudad.org*

Museo Hidráulico de los Molinos de Río Segura
Aufschlussreiches Museum zu Mühlen und Bewässerungstechniken. *Mo–Fr 10–14 und 18–22, Sa 10 bis 14 Uhr, Molinos 1, www.molinosdelrio.org*

Museo Salzillo
Werke des einheimischen Bildhauers Francisco Salzillo (1707–83). *Di–Sa 9.30–13 und 16–19, So 11 bis 13 Uhr, Juli/Aug. Sa geschl., Plaza San Agustín 1, www.museosalzillo.es*

ESSEN & TRINKEN

Taberna Doña Lola
Traditionsrestaurant, das auch die Einheimischen gerne aufsuchen. *Plaza Cristo del Rescate, Tel. 968 22 00 96, €€ – €€€*

Tapas
Auf Häppchensuche bieten sich die Gegenden um die *Plaza de las Flores,* die *Plaza San Juan* und die Kathedrale an.

ÜBERNACHTEN

Rosa Victoria

Modernes Viersternehaus nahe dem Sportpalast, häufig Kongressgäste. Am Wochenende zumeist günstigere Tarife *(tarifa fin de semana)*. *90 Zi., Avenida del Rocío 2, Tel. 968 27 28 29, Fax 968 20 20 21, www.hotelrosavictoria.com,* €€

AM ABEND

Nachtleben u. a. in der  Universitätsgegend *(Saavedrea Fajardo und Seitenstraßen* und um die *Calle Doctor José Tapia.*

AUSKUNFT

Plaza de Belluga, Tel. 968 35 86 00, Fax 968 35 87 23, www.murciaciudad.com

ZIELE IN DER UMGEBUNG

Cartagena
und Mar Menor   [171 E5]

Bereits zu Römerzeiten bedeutsame Hafenstadt (190 000 Ew.) mit Promenaden, Einkaufszonen, Altstadt und dem historischen Burghügel. In der zweiten Septemberhälfte lebt die Antike bei zahlreichen Straßenschauspielen und einem abschließenden Aufmarsch der *Cartagineses y Romanos* wieder auf. Weiter nordöstlich an der Küste erreichen Sie das Feriengebiet um das *Mar Menor,* einen salzhaltigen Binnensee, der vom Mittelmeer durch den über 20 km langen Landstreifen La Manga getrennt wird.

Lorca   [171 D5]

Geschichtsträchtige Stadt (70 000 Ew.) mit landesweit bekannten Kar-

Eine winklige Altstadt, umschlossen vom Meer: Peñíscola

prozessionen und einem mittelalterlichen *Kastell (Sommer Di–So, sonst Sa/So 10.30–18.30 Uhr).* Einen Besuch lohnen auch das *Museo Arqueológico (Di–Sa 10–14 und 17 bis 19, So 10–14 Uhr)* und der barocke *Palacio de Guevara,* in dem Sie überdies die *Touristeninformation (Tel. 968 46 61 57)* finden.

PEÑÍSCOLA

[172 B4] Kilometerweit auseinander gezogenes Tourismusstädtchen (5000 Ew.) an der Costa del Azahar, das Besucher mit gänzlich unterschiedlichen Gesichtern empfängt: mit Stränden, Hafenbecken, breiten Promenaden und einem malerisch verschachtelten Altstadthügel. Dort geht es atemschwer hinauf zur Festung. Überall sieht man kalkweiße Häuser, handtuchschmale Gassen, Balkone voller Pflanzengrün und verlockende Bars und Restaurants. So wie das kleine, familiäre *Restaurante Casa Dorotea (San Vicente 12, Tel. 964 48 08 63, €);* hier bekommt man gute Paellas. Strandnahe Unterkunft im Dreisternehotel *Los Delfines (73 Zi., Avinguda Papa Luna 4, Tel. 964 48 13 61, Fax 964 48 05 10, € – €€).* Auskunft: *Paseo Marítimo, Tel. 964 48 02 08, Fax 964 48 93 92, www.peniscola.org*

Insider Tipp *(marginal note)*

ZIELE IN DER UMGEBUNG

Castelló de la Plana   [172 A4–5]
Provinzhauptstadt (148 000 Ew.) an der Orangenblütenküste, die ihrem Namen mit reichlich Obstanbau alle Ehre macht. Jaime I. verlegte Castelló 1251 an den heutigen Standort. Wichtigster Platz ist die *Plaza Mayor* mit der *Catedral de Santa María* (Ursprung 14. Jh.). Auskunft: *Plaça Maria Agustina 5, Tel. 964 35 86 88, Fax 964 35 86 89, www.castellon-costaazahar.com*

Gut 15 km nördlich von Castelló liegt eine ganz besondere Unterkunft im mauerbewehrten Vilafamés: das lediglich sieben Zimmer große Landhotel *El Jardín Vertical (Nou 15, Tel./Fax 964 32 99 38, www.eljardinvertical.com, €€).* Hier mischt sich modernes Design mit der Atmosphäre eines rustikalen Baus aus dem 16. Jh.

Insider Tipp *(marginal note)*

Ebrodelta   [172 B3–4]
Das weit verästelte Delta des Ebro bildet eine der größten Feuchtlandschaften des südwestlichen Europa und ist zum Naturpark erklärt worden. Landwirtschaftlich wird das Gebiet für Reisanbau genutzt, Hauptorte sind *Deltebre* und *Sant Jaume d'Enveja.* Für den Naturhaushalt sind Marschlandschaften,

Kanäle und küstennahe Seen charakteristisch. Beliebte Besuchsziele sind der bei El Garxal gelegene Strand *Riumar* sowie – nordwestlich der Platja de la Marquesa – die *Punta del Fangar* mit ihren Dünen. Im Park kommen viele Vogelarten vor, mit Glück bekommt man Reiher und Flamingos zu Gesicht.

Sierra de Irta   [172 B4]
Im Süden grenzt Peñíscola an den von kleinen Wanderwegen durchzogenen Höhenzug der Sierra de Irta, der zum Naturschutzgebiet erklärt worden ist. Aus der Ferne wirkt die Strauch- und Buschvegetation spärlich, beim Näherkommen entdeckt man die reiche Vegetation mit Stechginster, Lavendel und weiteren duftenden Kräutern. Markierte *Wege führen durch Schluchten und hinauf zur Einsiedelei San Antonio.* Zur Meerseite hin liegen die abgeschiedenen *Strände Russo* und *Pebret,* die man ab Peñíscola über einen breiten, holprigen Weg erreicht.

Ins. Tip *(marginal note)*

TARRAGONA

[172 C3] ★ An der Costa Daurada gelegene Hafen- und Provinzhauptstadt (115 000 Ew.) mit hochinteressantem römischem Erbe. Unter den Römern stieg Tarraco zu einem der wichtigsten Orte am Mittelmeer auf und wurde in eine 4,5 km lange Stadtmauer gefasst. Es gab den Augustustempel, den Aquädukt, das Amphitheater, Badeanlagen und den Circ Romà, in dem sich dramatische Wagenrennen abspielten.

Im heutigen Tarragona paart sich Altehrwürdiges mit moderner Eleganz. Tolle Blicke aufs Meer genießen Sie vom ◣◢ *Balcó del Mediterrani,* lebhafte Stimmung schnuppern Sie rund um den Sporthafen und die Fischerzone *El Serrallo* mit ihren Meeresfrüchterestaurants. In der Altstadt geht es hinauf zur Kathedrale *Santa Maria* (schöne gotische Fassade) durch stimmungsvolle schmale Gassen und belebte Bummel- und Einkaufssträßchen wie die *Carrer Major.*

SEHENSWERTES

Amfiteatre

Das sehr gut erhaltene Amphiteater liegt zwischen der Via Augusta und dem Strand Miracle. Im Zuge der Christenverfolgungen erlitt hier der heilige Fructuoso im Jahr 259 sein Martyrium. *Sommer Di–Sa 9 bis 21, So 9–15, sonst Di–Sa 9–17, So 10–15 Uhr*

Passeig Arqueològic

◣◢ Die Reste der römischen Stadtmauern *(muralles)* laden zur »Archäologischen Promenade« um einen Teil der Altstadt ein, lohnende Aussichten inklusive. *Sommer Di–Sa 9–21, So 9–15, sonst Di–Sa 9–17, So 10–15 Uhr, Avinguda Catalunya*

MUSEEN

Museu Nacional Arqueològic

Interessantes archäologisches Museum, das ganz im Zeichen der Römer steht. *Sommer Di–Sa 10–20, So 10–14 Uhr, Winter Di–Sa 10 bis 13.30 und 16–19, So 10–14 Uhr, Plaça del Rei 5*

Pretori i Circ Romans

Hier schlägt man ein neues Römerkapitel auf. Im Circ Romà (1. Jh.) fanden einst Wagenrennen vor bis zu 30 000 Schaulustigen statt; der Pretori ist der Turm, der den Zugang verschaffte. *Sommer Di–Sa 9 bis 21, So 9–15, sonst Di–Sa 9–17, So 10–15 Uhr, Plaça del Rei*

ESSEN & TRINKEN

La Puda

Im Fischerviertel El Serrallo gelegenes Lokal, in dem Fisch und anderes Meeresgetier den Ton angeben. Qualitativ hochwertig und sehr zu empfehlen ist das mittägliche Tagesmenü. *Muelle Pescadors 25, Tel. 977 21 15 11,* €€

Tapas

Gute Cafés und Kneipen an der *Rambla Nova.*

ÜBERNACHTEN

Lauria

Dreisternehotel in zentraler Lage. *72 Zi., Rambla Nova 20, Tel. 977 23 67 12, Fax 977 23 67 00, www.hlauria.es,* € – €€

AUSKUNFT

Major 39, Tel. 977 25 07 95, Fax 977 24 55 07, www.tarragonaturisme.es

ZIEL IN DER UMGEBUNG

Ruta del Cister [172 C3]

Die Route der mittelalterlichen Zisterzienserklöster bringt Sie im Hinterland von Tarragona zu den imposanten Abteien *Poblet (tgl.), Santes Creus (Mo geschl.)* und *Vallbona de les Monges (Mo geschl.).* In der Nähe des Klosters Santa María de Poblet bietet das *Hotel Monestir (Les Masies, L'Espluga de Francolí, Tel.*

977 87 00 58, Fax 977 87 00 30,
www.hotelmonestirdepoblet.com,
€–€€) stilvolle Unterkunft.

VALÈNCIA

 Karte in der hinteren Umschlagklappe

[172 A5] Zu Recht wird das über 2000-jährige València (760 000 Ew.) als eine der lebenslustigsten Städte Spaniens gerühmt. Die Heiterkeit explodiert alljährlich bei den *fallas* im März, wenn sich Hunderte kunstvoller Figuren und Monumente aus Pappmaché in Rauch und Asche auflösen. Als Küsten- und Hafenmetropole nimmt València immer neue Trends auf, zwischen der Altstadt und der brandneuen Ciutat de les Arts i les Ciències gehen Tradition und Moderne Hand in Hand. 2007 wird die Stadt als Austragungsstätte des America's Cup zum internationalen Seglermekka. Stadtentdeckungen erleichtert die *València Tourist Card (ab 6 Euro/Tag bis 12 Euro/3 Tage, www.valenciacard.es)*, die u. a. im Touristenbüro an der Plaza de la Reina erhältlich ist. Mit der Karte bekommt man Ermäßigungen in ausgewählten Museen und kann die öffentlichen Verkehrsmittel (Zone A) kostenlos benutzen.

SEHENSWERTES

Catedral
Kathedrale mit Ursprung im 13. Jh., integriert ist das Diözesanmuseum. Einen gesonderten Besuch verdient der ✲ Glockenturm *Miguelete* (von oben sehr schöne Ausblicke). *Mo–Fr 10–18, Sa 10–17.30, So 14 bis 17.30 Uhr, Plaza de la Reina*

Lonja de la Seda
Gegenüber vom Mercado Central steht das prächtige gotische Zivilgebäude der Seidenbörse. *Di–Sa 10 bis 14 und 16.30–20.30, So 10–15 Uhr*

MUSEEN

Ciutat de les Arts i les Ciències
Valèncias neues Wahrzeichen ist diese jährlich von Millionen Besuchern frequentierte »Stadt der Künste und der Wissenschaften« mit mehreren Bereichen: dem *Palau de les Arts* (Theater, Musik- und Tanzshows), dem *L'Hemisfèric* (mit *Planetarium, Vorstellungen tgl. 10–22 Uhr*) vom katalanischen Architekturstar Santiago Calatrava, dem Wissenschaftsmuseum *Museu de les Ciències Príncipe Felipe (Sommer tgl. 10–20, sonst So–Fr 10–18, Sa 10–20 Uhr)* und dem Aquarium *L'Oceanogràfic (Mitte Juni–Juli und erste Sept.-Hälfte tgl. 10–20, Aug. tgl. 10–24, sonst So–Fr 10–18, Sa 10–20 Uhr)*. Kaufen Sie ein Kombiticket *(entrada conjunta)* für L'Hemisfèric, Museum und L'Oceanogràfic! *Autovía del Saler, www.cac.es*

Institut Valenciá d'Art Modern (IVAM)
Ausstellungen zeitgenössischer Kunst, Schwerpunkt 20. Jh. *Di–So 10–20, im Sommer bis 22 Uhr, Guillém de Castro 118, www.ivam.es*

Museo de Bellas Artes
Kunstmuseum u. a. mit Werken von El Greco, van Dyck und Velázquez. *Di–So 10–20 Uhr, San Pio V 9, www.cult.gva.es/mbav*

Museo Nacional de Cerámica
In einem Barockpalast untergebrachtes Keramikmuseum. *Di–Sa*

*10–14 und 16–20, So 10–14 Uhr;
im Aug. Sa Abendbesuche bis 24
Uhr, Rinconada García Sanchiz 6*

ESSEN & TRINKEN

Casa Isabel
Spezialisiert auf typische Reisgerichte und Tapas, auch Grillfleisch. Gute Weinauswahl, nach dem Essen
ein Verdauungsspaziergang am
Strand. *Playa de la Malvarrosa 4,
Tel. 963 55 04 92, €–€€*

Tapas
Kneipen- und Häppchenkultur in
der Altstadt, speziell im Bereich der
Straßen *Caballeros, Quart* und *Bol-
sería.* Einfache Restaurants mit Tagesmenü auch in der Gegend um
die *Estación del Norte.*

EINKAUFEN

Klassiker ist die Markthalle *Mercado Central (Mo–Sa 8–15 Uhr),* So
vormittags findet auf der *Plaza Redonda* ein *Floh- und Allerleimarkt*
statt (Bücher, Bilder, Pflanzen,
Haustiere etc.).

ÜBERNACHTEN

Consul de Mar
Viersternehotel mit günstigen Ne-
bensaisontarifen, komfortabel, renoviert. Der Parkplatz kostet extra.
*57 Zi., Avenida del Puerto 39, Tel.
963 62 54 32, Fax 963 62 16 25,
www.hotelconsuldelmar.com,
€€–€€€*

Venecia
Zweisternehaus, zentral. Klimati-
sierte Zimmer mit Bad, TV, Telefon.
*54 Zi., Plaça Ayuntamiento/En Llop
5, Tel. 963 52 42 67, Fax*

*Charmante Großstadt
voller Lebenslust: València*

*963 52 44 21, www.hotelvenecia.
com, €–€€*

AM ABEND

Die valencianischen Nächte haben
im Altstadtviertel *Barri del Carmen*
ihr besonderes Flair, ob in Designer-
bars oder beschaulicheren Terrassencafés. Weitere beliebte Ausgehzonen
sind der *Strand von Malvarrosa*, der
Paseo Neptuno sowie die Unizone
rund um die *Avenida Blasco Ibáñez*
und die *Plaza de Honduras.*

AUSKUNFT

*Carrer de la Paz 48, Tel.
963 98 64 22, Fax 963 98 64 21,
www.turisvalencia.es;* weitere Info-
stellen u. a. an der *Plaza de la Reina,* im *Flughafen* und im Bahnhof
Estación del Norte.

Im weiten Kernland der Halbinsel

Hier erwarten Sie faszinierende Städte, Burgen, Klöster und urtümliche Landschaften

Vor Jahrhunderten machte Spaniens König Philipp II. Madrid zur Hauptstadt, ließ Meisterliterat Cervantes seinen Don Quijote gegen Windmühlen kämpfen, widmete sich die Nationalheilige Teresa von Ávila ganz der Nächstenliebe. All ihre Fährten nimmt man im Zentrum der Iberischen Halbinsel auf, das im Wesentlichen von den Großregionen Kastilien-León, Kastilien-La Mancha und Extremadura gebildet wird. Im Westen grenzt die Extremadura an Portugal und im Süden an Andalusien. In ihrer Gesamtheit lockt sie als der touristisch am wenigsten entdeckte Landstrich Spaniens.

Topografisch prägt die Meseta, die weite Hochebene, das Landschaftsbild. Je nach Bewässerungszonen herrschen Getreideanbau, Viehzucht und Weinfelder vor. Häufig bewegt man sich in Höhen zwischen 800 und 1000 m über dem Meer, was extreme Temperaturschwankungen mit sich bringt. Die Winter sind hart, die Sommer heiß. Und über allem hängt ein strahlendes Himmelblau, auch über der Millionenmetropole Madrid.

Aquädukt in Segovia: Die Römer hatten den Bogen raus – 167 sind noch heute völlig intakt

Die Gärten von Aranjuez: Siesta in der Natur

ARANJUEZ

[166 B6] Die knapp 50 km südlich von Madrid am Río Tajo gelegene Stadt (45 000 Ew.) gehörte zu den Auserwählten des spanischen Königshauses. Hier ließ sich Philipp II. ab 1560 einen Prachtpalast errichten. Zwei Großbrände und zwei Jahrhunderte später beauftragte Karl III. seinen Hausarchitekten Francesco Sabatini mit dem Ausbau dieses *Palacio Real (April–Sept. Di bis So 10–18.15, Okt.–März 10 bis 17.15 Uhr, www.patrimonionacional.es, Plaza de Parejas),* heute die wichtigste Sehenswürdigkeit in Aranjuez. In der Außenansicht beeindrucken die weit ausladenden Flügel, bei der Innendekoration herrscht der barocke Zeitgeschmack

50 Auslugе und neun Tore zählt Ávilas mittelalterliche Stadtmauer

vor, etwa im *Gabinete de Porcelana* (Porzellankabinett) und im *Salón de los Espejos* (Spiegelsalon).

Ebenfalls lohnend ist ein Streifzug durch den benachbarten *Jardín de la Isla* mit seinen verspielten Brunnen. Größeren Raum – rund 150 ha – nimmt der Anfang des 19. Jhs. angelegte *Jardín del Príncipe* ein. Hier sind viele Baumarten, weitere Brunnen, Pavillons und der neoklassizistische Herrensitz *Real Casa del Labrador* zu sehen. Die Gartenanlagen breiten sich bis an die Ufer des Tajo aus und sind in der Regel täglich zugänglich *(Sommer 8–20.30, sonst 8–18.30 Uhr)*. In der nahen Altstadt spielt sich das Leben im Bereich um Rathaus, Theater und Markt ab.

Zwischen Madrid (Atocha-Bahnhof) und Aranjuez verkehrt an den meisten Wochenenden im April, Mai, Juni, September und Oktober der *Tren de la Fresa (Infos unter Tel. 902 22 88 88 22, www.museo delferrocarril.org/tren_fresa)*, der »Erdbeerzug«. Um die Erdbeerverkostung an Bord kümmert sich Begleitpersonal in historischen Trachten.

Stilvolle Unterkunft bietet das Hotel *El Cocherón 1919 (18 Zi., Montesinos 22, Tel. 918 75 43 50, Fax 918 75 43 47, www.elcoche ron1919.com, €€)*, ein Altstadthaus mit eleganter Dekoration bis ins letzte Detail. Für vorzügliche Küche ist die *Casa Pablo (Almíbar 42, Tel. 918 91 14 51, €€€)*, bekannt, einfacher geht es im *Café Tapitas (Capitán 41, Tel. 918 91 82 31, €)* zu. Auskunft: *Plaza San Antonio 9, Tel. 918 91 04 27, Fax 918 91 41 97, www.aranjuez.com*

ÁVILA

[166 A5] ★ Spaniens höchstgelegene und im Winter auch kälteste Stadt (50 000 Ew.) thront auf 1130 m Höhe und setzt sich mit den gigantischen Stadtmauern *Las Mura-*

llas selbst die Krone auf. Ávilas Ringwall verläuft über eine Länge von 2,5 km, ist durchschnittlich 12 m hoch und 3 m dick, durchsetzt von neun Toren und Dutzenden Türmen. Weithin sichtbar kündigt sich Ávila mit diesem einzigartigen Rückgrat aus Mauerwirbeln an, dessen Bau Ende des 11. Jhs. einsetzte. Die Mauern umhüllen nach wie vor einen großen Teil der verwinkelten Altstadt und stehen auf der Unesco-Liste des Welterbes. An drei Toren ist der Aufstieg *(Sommer tgl., sonst Di–So)* auf die Mauern möglich: an der *Puerta de Alcázar,* der *Puerta de las Carnicerías* und der *Puerta del Carmen.*

Für zusätzliche Bekanntheit sorgt die 1622 heilig gesprochene Teresa de Ávila (1515–1582), die Schutzpatronin Spaniens. Als junge Frau trat sie in den Karmeliterorden ein, lebte in strenger Buße, wurde von Visionen geleitet und trieb die Reform des Ordens und die Gründung neuer Frauenklöster voran. Der Geist Teresas begleitet Besucher bis hin zur Stelle ihres Geburtshauses; begraben ist sie allerdings nahe Salamanca in Alba de Tormes.

SEHENSWERTES

Das Fremdenverkehrsamt weist ausdrücklich auf die fast monatlich wechselnden Öffnungszeiten der Monumente und Museen hin. Im Vorfeld Ihres Programms sollten Sie daher zunächst die *Oficina de Turismo* aufsuchen.

Basílica de San Vicente
Ursprünglich romanische Kirche aus dem 11., vollendet im 14. Jh. An dieser Stelle sollen der heilige Vicente und seine Schwestern Sabina und Cristeta im Jahr 307 den Christenverfolgungen zum Opfer gefallen sein. *Tgl. 10–13.30 und 16 bis 18.30, im Sommer 10–14 und 16–19 Uhr, Plaza de San Vicente*

Catedral
Frühgotische Kathedrale, deren Apsis mit dem Verteidigungswall verbunden ist. Die äußere Stärke

MARCO POLO Highlights »Zentralspanien«

★ **Segovia**
Aquädukt, Burg und Altstadt fügen sich zu einem faszinierenden Miteinander (Seite 112)

★ **Ávila**
Die monumentale Stadtmauer ist vollkommen zu Recht Kulturerbe der Menschheit (Seite 96)

★ **Toledo**
Verwinkelte Gassen und prächtige Kirchen (Seite 115)

★ **Museo del Prado**
In Madrid eine der weltweit besten Museumsadressen (Seite 106)

★ **Parque del Retiro**
Madrids große grüne Lunge (Seite 105)

schwindet im Innern und geht in einer lichterfüllten Pracht auf. *Mo–Fr 10–17, Sa 10–18, So 12–18, im Sommer Mo–Fr 10–19.30, Sa 10 bis 20, So 12–18.30 Uhr, Plaza de la Catedral*

Convento de Santa Teresa

Im 17. Jh. auf dem Grundstück des Geburtshauses der heiligen Teresa de Ávila erbaut. Der Komplex gliedert sich in *Klosterkirche (tgl. 9 bis 13.30 und 15.30–20 Uhr), Museum (tgl. 10–13.30 und 15.30–17.30, Sommer nachmittags 16–19 Uhr)* und *Reliquiensaal (tgl. 9.30–13.30 und 15.30–19 Uhr). Plaza Santa Teresa*

Monasterio de la Encarnación

In diesem Kloster, dessen Bau im Geburtsjahr der heiligen Teresa abgeschlossen wurde (1515), verbrachte die Heilige rund drei Jahrzehnte. *Mo–Fr 9.30 (Sa/So ab 10) bis 13.30 und 15.30 (Winter 16) bis 18 Uhr, Paseo de la Encarnación*

MUSEUM

Museo Provincial
Provinzmuseum außerhalb der Stadtmauer nahe der Kathedrale. Den Rahmen bildet ein Palast aus dem 16. Jh., zu sehen sind u. a. Skulpturen, Mobiliar und Gemälde. *Di–Sa 10–14 und 16.30–19.30, So 10.30–14, Sommer nachmittags 16 bis 19 und So 10–14 Uhr, Plaza de los Nalvillos 3*

ESSEN & TRINKEN

Hostería Bracamonte
Kastilische Spezialitäten in rustikalem Umfeld. *Bracamonte 6, Tel. 920 25 12 80, €€ – €€€*

Tapas
Ávila rühmt sich einer breiten Palette an Tapas, Ende Juni bestreiten die Kneipen einen eigenen Tapawettbewerb. Gute Häppchenzonen liegen in der Altstadt im Bereich der *Plaza José Tomé* und der *Plaza Pedro Dávila* (allein hier stehen vier zur Auswahl).

ÜBERNACHTEN

Arco San Vicente
Einfach und freundlich, alle wichtigen Monumente direkt in der Nähe. *23 Zi., López Núñez 6, Tel. 920 22 24 98, Fax 920 22 95 32, www.arcosanvicente.com, €*

Rey Niño
Zentrales Zweisternehaus in der Altstadt, alle Zimmer mit Bad und TV. Angeschlossene Cafeteria. *24 Zi., Plaza José Tomé 1, Tel. 920 25 52 10, Fax 920 22 62 80, www.hotelreynino.com, €*

AUSKUNFT

Plaza Pedro Dávila 4, Tel. 920 21 13 87, Fax 920 25 37 17, www.avilaturismo.com

ZIEL IN DER UMGEBUNG

Sierra de Gredos   [165 E5–6]
Beliebtes Ausflugsziel für Naturliebhaber, das rund 70 km südwestlich von Ávila beginnt. Die Sierra de Gredos ist Naturschutzgebiet, Berge wie der Almanzor kratzen mit 2591 m an den Wolken. In und um den Naturpark sind Wandern, Klettern, Wintersport und andere Outdooraktivitäten beliebt. Nahe Candeleda starten organisierte Kanutrips auf dem Río Tiétar (*Vive Tiétar, Carretera*

Candeleda–Madrigal, km 2,1, Tel.
920 37 18 17, www.vivetietar.com),
die auch für Anfänger geeignet sind.
Reitausflüge lassen sich bei *La Peña
del Toro (Domingo Labajo 14, Candeleda, Tel. 920 38 01 73)* und
*Fuente Capote (Carretera C 501,
Poyales del Hoyo, Tel. 920 39 03 10)*
arrangieren. Geführte Wanderungen u. a. über *Turactiv (La Fragua
de Barajas, Navarredonda de Gredos, Handy 678 65 42 42, Fax
920 34 83 85, www.turactiv.com)*.
    Populär sind Unterkünfte in
Landhäusern und Landhotels wie
El Milano Real in *Hoyos del Es-
pino (21 Zi., Tel. 920 34 91 08, Fax
920 34 91 56, www.elmilanoreal.
com, €–€€)*. Zum Tourismus auf
dem Land gute Infos im Internet unter *www.turismoruralgredos.com*.

BADAJOZ

[168 C2] In der Extremadura gelegene Städte wie Badajoz (140 000
Ew.) spielten in römischen und maurischen Zeiten eine wichtige Rolle,
ehe sie in ihren Dornröschenschlaf
versanken. Daraus sind sie nun er-
wacht. Für die benachbarten Portu-
giesen war die Stadt schon immer
ein Ziel, vor allem zu Karneval,
wenn es besonders ausschweifend
hergeht. Doch auch sonst zeigen sich
die Bewohner lebenslustig und auf-
geschlossen wie in Spaniens Süden.

SEHENSWERTES

Alcazaba
Im 12. Jh. erbaute maurische
Festung auf dem Monturiohügel,
schöne Ausblicke auf die Stadt und
den Río Guadiana. Zu den am besten erhaltenen Teilen zählt der

Wachturm *Espantaperros* mit seiner
achteckigen Struktur. Bis ins 16. Jh.
lebte fast die gesamte Bevölkerung
innerhalb der Alcazaba.

Catedral
Mit ihrem wuchtigen Turm wirkt
die im 13. Jh. erbaute Kathedrale
festungsartig. Bis ins 18. Jh. hinein
wurde an Badajoz' wichtigstem
Gotteshaus gebaut. Mit Kathedral-
schatz im angeschlossenen *Museo
Catedralicio (Di–Sa 11–13 und 18
bis 20 Uhr)*, Werke u. a. des Malers
Luis de Morales. *Plaza de España*

Puerta de Palmas
Turmbeflanktes Stadttor, Mitte des
16. Jhs. abgeschlossen. Die nahe
Puente de Palmas spannt sich in der
beeindruckenden Länge von knapp
600 m über den Río Guadiana.

MUSEEN

Museo Arqueológico Provincial
Das archäologische Museum deckt
die Zeiten zwischen Prähistorie und
maurischer Epoche ab. *Di–So 10
bis 15 Uhr, Plaza Sácz de Buruaga*

**Museo Extremeño e
Iberoamericano de Arte
Contemporánea (MEIAC)**
Das Museum gibt zeitgenössischen
Künstlern aus Spanien, Portugal
und Lateinamerika Raum. Das mo-
derne Gebäude geht auf den Archi-
tekten José Antonio Galea zurück.
*Di–Sa 10–13.30 und 17–20, So 10
bis 13.30 Uhr, Calle del Museo 2*

ESSEN & TRINKEN

La Ochava
Eher eine Seltenheit in Spanien: ein
vegetarisches Restaurant, in dem

Salate und Spargel ebenso serviert werden wie eine Kichererbsenpastete und Kroketten. Recht einfache Einrichtung. *Zurbarán 15, Tel. 924 24 70 15,* €

Los Monteros

Spezialisiert auf die regionale Küche, einfach, doch schmackhaft. Eine feste Institution in Badajoz. *Plaza de Santo Domingo 8, Tel. 924 22 15 15,* €

ÜBERNACHTEN

Cervantes

Solide Adresse in einem 1920 erbauten Haus, Zimmer mit Bad und TV. *38 Zi., Trinidad 2, Tel. 924 22 37 10, www.badajozcity. com/guia_empresas/paginas/cervantes.asp,* €

Zurbarán

Bewährte Qualität der spanischen Hotelkette Husa; in zentraler Lage, vier Sterne, mit Swimmingpool. *215 Zi., Paseo de Castelar, Tel. 924 00 14 00, Fax 924 22 01 42, www.husa.es,* €€ – €€€

AM ABEND

Zu den beliebten Tapalokalen zählen *El Congreso (Zurbarán 29), Marwan (José Lanot 23)* und *Almadraba (Jacinta García Hernández 10).* Musikcafés sind u. a. das *Mercantil (Zurbarán 10)* und das *Mandrágora (Avenida Sinforiano Madroñero 16).*

AUSKUNFT

Pasaje de San Juan, Tel. 924 22 49 81, Fax 924 21 02 32, www.badajoz city.com

ZIEL IN DER UMGEBUNG

Mérida [169 D2]

Das Miteinander aus lebhafter Atmosphäre und reichem kulturellem Erbe lockt Besucher ins rund 60 km östlich von Badajoz gelegene Mérida (53 000 Ew.). Die baulichen Hinterlassenschaften der Römer sind von der Unesco zum Welterbe erhoben worden. Diese rund 2000 Jahre alten Spuren verteilen sich über die ganze Stadt, beginnend bei der annähernd 800 m langen und 60 Bögen umfassenden Römerbrücke (*Puente Romano,* 1. Jh.) über den Río Guadiana. Zahlreiche Funde aus der Antike zeigt das *Museo Nacional de Arte Romano (Di–Sa 10–14 und 16–18, Sommer bis 21, So 10–14 Uhr, www.museoromano. com, José Ramón Mélida).* Eine große Erweiterung ist in Planung. Für den Besuch all der interessanten Monumente – *Teatro Romano, Anfiteatro, Alcazaba, Casa del Anfiteatro, Casa del Mitreo, Circo Romano, Área Arqueológica de Morería, Área Funeraria de los Columbarios, Cripta y Basílica de Santa Eulalia –* lösen Sie am besten ein Kombiticket, mit dem Sie einiges sparen können *(tgl. 9.30–13.45 und 16 bis 18.15, Sommer bis 19.15 Uhr, gelegentlich auch Abendbesuche des Teatro Romano, www.consorciome rida.org).*

Mérida besteht jedoch nicht aus alten Monumenten allein. Bars und Cafés konzentrieren sich im Bereich um die *Plaza España,* die Fußgängerzone lädt zum Bummeln und Shopping ein. Solide Unterkunft im Dreisternehotel *Nova Roma (55 Zi., Suárez Somonte 42, Tel. 924 31 12 61, Fax 924 30 01 60, www.novaroma.com,* €€*),* deutlich

Kulturelles Zentrum von Extremadura: Mérida mit römischem Theater

preiswerter ist das einfache *Hostal Senero (11 Zi., Holguín 12, Tel. 924 31 72 07, Fax 924 31 60 67, www.hostalsenero.com, €)*. Anspruchsvollere entscheiden sich für den *Parador (80 Zi., Plaza de la Constitución 3, Tel. 924 31 38 00, Fax 924 31 92 08, merida@para dor.es, €€–€€€)*. Auskunft: *Paseo Sáez de Buruaga, Tel. 924 00 97 30, Fax 924 00 97 31, www.merida.es*

CÁCERES

[169 D1] Eine der schönsten Städte (87 000 Ew.) im westlichen Spanien, die Altstadt ist von der Unesco zum Welterbe erklärt worden. Die Stadtgeschichte begann mit der römischen Gründung 25 v. Chr., im Mittelalter erwuchs die bis heute erhaltene Stadtmauer auf römischen Fundamenten. Seinerzeit war Cáceres hart zwischen Spaniern und Mauren umkämpft. Nach der Eingliederung ins Königreich León im 13. Jh. setzte eine rege Bautätigkeit im Bereich der Plätze Santa María und San Mateo ein.

Schöne Gassen, alte Adelspaläste, Kirchen und monumentale Bauwerke wie die Kathedrale *Santa María (mit Museum, tgl.)* machen den Reiz von Cáceres aus. Das archäologisch und kunstgeschichtlich interessante *Museo de Cáceres (Di bis Sa 9–14.30 und 16–19.15, Sommer 17–20.15, So 10.15 bis 14.30 Uhr, www.museosextrema dura.com/caceres, Plaza de las Veletas)* ist im Palacio de las Veletas untergebracht. Einen Besuch verdient auch die arabisch angehauchte *Casa-Museo Árabe Yusuf Al Burch (tgl. 10.30–13.30 und 15.30 bis 17.30, Sommer 10.30–14.30 und 16.30–20.30 Uhr, Cuesta del Marqués 4)*.

Geschäfte und Cafés finden Sie vor allem in den Straßen *Pintores* und *Avenida de España*. Dort befindet sich auch das Spitzenrestaurant *Atrio (Avenida de España 30, Tel. 927 24 29 28, €€€)*. Typische Küche der Gegend bietet das *Restaurante El Figón (Plaza de San Juan 14, Tel. 927 24 43 62, €€)* – Lärm- und Besucherpegel bezeugen den guten Ruf. Eine zentrale, solide Unterkunft bietet das *Hotel Alfonso IX (37 Zi., Moret 20, Tel. 927 24 64 00, Fax 927 24 78 11, www.hotelalfonsoix.com, € – €€)*. Auskunft: *Plaza Mayor 3, Tel. 927 01 08 34, Fax 927 01 08 36, www.aytocaceres.es*

ZIELE IN DER UMGEBUNG

Guadalupe   [169 E1]
Das 3000-Ew.-Städtchen steht ganz im Zeichen seiner *Basilika (tgl. 8.30 bis 20, Sommer 8.30–21 Uhr)* und des Kults um die heilige Jungfrau von Guadalupe, das Bildnis einer schwarzen Madonna. Man verehrt sie in ihrer Heiligennische *camarín (tgl. 10–13.30 und 16–19 Uhr)* u. a. als Schutzpatronin der Extremadura. Das *Real Monasterio de Santa María de Guadalupe* gehört zum Welterbe der Unesco. Im Kloster leben seit 1908 Franziskaner. Das angeschlossene Hotel *Hospedería del Real Monasterio (47 Zi., Plaza de Juan Carlos I, Tel. 927 36 70 00, Fax 927 36 71 77, €)* bietet stilvolle Unterkunft.

Insider Tipp

Parque Natural de Monfragüe   [169 D–E1]
Rund 50 km nordöstlich von Cáceres gelegener Naturpark *(www.monfrague.com)* mit interessanten Felsformationen und einer reichen Vogelwelt, zu der Geier, Adler, Schwarzstörche und Falken gehören. Der Park wird vom Tajo und vom Tiétar durchflossen. *Villarreal de San Carlos* dient als Ausgangspunkt von Wanderungen.

Plasencia   [165 D6]
Historisch bedeutsame Stadt (39 000 Ew.) an den Ufern des Río Jerte, im 12. Jh. vom kastilischen König Alfonso VIII gegründet. Von den alten Stadttoren haben sich u. a. die Puerta del Sol und die Puerta Coria erhalten, der Kathedralbau splittet sich in den alten Teil (13./14. Jh.) und den neuen Teil (15.–18. Jh.). Einfache Unterkunft etwas außerhalb im *Hostal Real (33 Zi., Avenida de Salamanca, Tel. 927 41 29 00, Fax 927 41 68 24, www.hostalreal.com, €)* mit Restaurant. Auskunft: *Plaza de la Torre de Lúcia, Tel. 927 01 78 40, Fax 927 01 78 41, www.plasenciaweb.com*

Trujillo   [169 D–E1]
Diese Kleinstadt (10 000 Ew.) ist ein wahres Juwel der Extremadura. Nach langer maurischer Herrschaft brachen die Christen erst 1232 den Widerstand, worauf sich in Trujillo zahlreiche Adelsfamilien nieder- und prächtige Paläste errichten ließen. Berühmtester Sohn der Stadt ist Francisco Pizarro (1478–1541), dem auf der zentralen Plaza Mayor ein monumentales Reiterstandbild aus Bronze gewidmet ist. Der Gedenkprunk ist nicht ganz nachvollziehbar, denn Pizarro, der den Inkaherrscher Atahualpa in Peru feige hinrichten ließ, ist als einer der grausamsten Konquistadoren in die Weltgeschichte eingegangen.

Mit oder ohne Pizarro – die *Plaza Mayor*, einer der malerischsten Plätze Spaniens, ist zum Teil von Arkaden umzogen und stößt an die *Iglesia de San Martín* (14.–16. Jh.) und den *Palacio de los Duques de San Carlos* (16./17. Jh.). Rund um die Plaza Mayor lagen einst die Stadtviertel der Mauren und Juden.

Versäumen Sie nicht, in die  Oberstadt zur *Iglesia de Santa María la Mayor* zu steigen und den Blick über die Mauerreste hinweg in die Weite zu genießen. Auf dem höchsten Punkt der Stadt, genannt »Fuchskopf« *(Cabeza de Zorro)*, breitet sich die arabische *Burg* aus dem 10./11. Jh. aus.

Für gute Küche in urigem Ambiente bürgt *La Troya (Plaza Mayor 10, Tel. 927 32 13 64, €€)*, besonders empfehlenswert ist das Mittagsmenü. Für stilvolle Unterkunft in einem Konvent aus dem 16. Jh. sorgt der *Parador (50 Zi., Santa Beatriz de Silva 1, Tel. 927 32 13 50, Fax 927 32 13 66, trujillo@parador.es, €€)*. Etwas preisgünstiger, aber mit ebenfalls sehr viel Stil betten Sie sich in der *Posada Dos Orillas (7 Zi., Cambrones 6, Tel./Fax 927 65 90 79, www.dos orillas.com, €€)*. Auskunft: *Plaza Mayor, Tel. 927 32 26 77, Fax 927 65 91 40, www.trujillo.es*

Schwindel erregend: die hängenden Häuser von Cuenca

CUENCA

[170 C1] Die knapp 1000 m hoch gelegene Provinzhauptstadt (46 000 Ew.) setzt ein absolutes Glanzlicht im östlichen Kernland Spaniens und ist unbedingt einen Abstecher wert. Malerische Ansichten bescheren die berühmten *casas colgadas,* die »hängenden Häuser« über der Schlucht Hoz del Huécar. Dort ist auch das *Museo de Arte Abstracto (Di–Fr 11–14 und 16–18, Sa 11–14 und 16–20, So 11–14.30 Uhr; www.march.es/arte/cuenca)* untergebracht; zur Sammlung des Museums für Abstrakte Kunst gehören Werke von Antoni Tàpies, und immer wieder finden Wechselausstellungen statt. Interessant ist auch die gusseiserne Brückenkonstruktion des *Puente San Pablo.*

In der örtlichen Geschichte setzten die Mauren erste Akzente; Alfonso VIII und die Seinen brachten die Stadt 1177 gewaltsam auf die Seite der Spanier. Eine Legende weiß zu berichten, dass einem Hirten namens Martín Alhaja die heilige Jungfrau erschienen sein und er die christlichen Truppen durch das Stadttor Puerta de San Juan hineingelotst haben soll. Das *Museo de Cuenca (Di–Sa 10–14 und 16–19, So 11–14 Uhr, Obispo Valero 6)* macht mit der Regionalgeschichte vertraut, ansonsten ist die Historie überall greifbar. In der Innenstadt führen alle Wege zur *Plaza Mayor* mit der *Kathedrale* (Ursprung Ende 12. Jh.) und dem barocken *Rathaus*. In diesem Bereich finden Sie gute Tapabars; erlesene Kost serviert das  *Mesón Casas Colga-*

das (Canónigos, Tel. 969 22 35 09, €€€). Als Unterkunft empfiehlt sich das urige Altstadthotel *Posada de San José* (22 Zi., Julián Romero 4, Tel. 969 21 13 00, Fax 969 23 03 65, www.posadasanjose.com, €–€€). Auskunft: *Alfonso VIII 2, Tel. 969 24 10 51, www.cuenca.org*

ZIEL IN DER UMGEBUNG

Ciudad Encantada   [170 C1]
»Verzauberte Stadt« – so heißt dieses Naturschutzgebiet rund 35 km nördlich, wo geologische Formationen zu bestaunen sind. Regen und Wind haben im Lauf der Zeit phantasiereiche Gebilde geformt.

MADRID

Karte auf Seite 174/175

[166 B5] In Spanien laufen alle Fäden in der Landeshauptstadt zusammen. Hier empfangen Königspaar und Regierungschef die Staatsgäste, hier haben die wichtigsten Unternehmen ihren Sitz, hier konzentriert sich der größte behördliche Wasserkopf. Umso mehr erstaunt, dass man es hier mit einer Metropole überschwänglicher Lebenslust zu tun hat. Kneipenkultur, Kinos, Theater und Konzerte lassen unter Nachtschwärmern keinen Wunsch offen. Höhepunkt für Kunstliebhaber ist das Museumsdreieck Prado/Reina Sofía/Thyssen-Bornemisza. Die Einwohnerzahl bewegt sich irgendwo zwischen 3 und 4 Mio., je nachdem, welche Vorortgebiete mit eingerechnet werden – genau weiß das ohnehin niemand. Im März 2004 wurde der Alltag durch die ver-

hängnisvollen Bombenanschläge islamischer Extremisten erschüttert, doch mittlerweile ist die Normalität zurückgekehrt. Ausführliche Informationen finden Sie im MARCO POLO Band »Madrid«.

SEHENSWERTES

Altes Madrid   [174 B–C 2–3]
1561 verwandelte Spaniens Monarch Felipe II jenes vormals unbedeutende Fleckchen am Río Manzanares in die Hauptstadt seines Königreichs. Was im Lauf der Zeiten folgte, war die Anlage prächtiger Gärten und Bauwerke. Dreh- und Angelpunkt in der Altstadt ist die arkadenumkränzte *Plaza Mayor*, einer der schönsten Plätze in Spanien. Rundherum fließen Gassen ab, die Einkaufszonen um die Puerta del Sol und der Königspalast sind problemlos zu Fuß erreichbar.

Casa de Campo   [0]
Westlich der City gelegene grüne Lunge mit weitem Wegenetz, Restaurantzonen, zoologischem Garten und Freizeitpark. Immer wieder bieten sich schöne Ausblicke auf die Silhouette Madrids.

Monasterio de las Descalzas Reales [174 C1]
Klosterkomplex aus dem 16. Jh. im Herzen der Stadt, überraschend viele Kunstschätze (Skulpturen, Ölgemälde, Wandteppiche). *Di–Do und Sa 10.30–12.45 und 16–17.45, Fr 10.30–12.45, So 11–13.45 Uhr, Plaza de las Descalzas 3, www.patrimonionacional.es*

Palacio Real   [174 B2]
Königspalast aus dem 18. Jh., in dem Spaniens Staatsoberhaupt gele-

gentlich hohe Gäste empfängt – dann ist er geschlossen. Ansonsten führt der ausgiebige Rundgang durch prächtige Säle mit Kronleuchtern, Spiegeln, Fresken, Teppichen, Skulpturen und wertvollen Gemälden. Ebenfalls sehenswert sind die alte Apotheke *(Farmacia)* sowie die Rüstungen im Saal der *Real Armería*. In unmittelbarer Nachbarschaft des Königspalasts erhebt sich die moderne *Catedral de la Almudena,* erst 1993 offiziell beendet und 2004 Schauplatz der Hochzeit von Kronprinz Felipe. *Palast Okt.–März Mo–Sa 9.30–17, So 9–14, April–Sept. Mo–Sa 9–18, So 9–15 Uhr, Bailén, www.patrimonio nacional.es*

Parque del Retiro [175 E–F 1–3]

★ Parkanlage im Herzen der Stadt, ein echtes Naherholungsgebiet mit Wiesen, Wegen, Blumenbeeten und großem, zentralem See. In Erinnerung an die Todesopfer des Terrorattentats 2004 ist jüngst der *Bosque de los Ausentes,* der »Wald der Abwesenden«, gepflanzt worden.

MUSEEN

Ideal für Kunstfreunde ist der Erwerb der Madrid Card *(www.madridcard.com, 25/35/45 Euro)* für einen, zwei oder drei Tage; sie berechtigt zum Besuch von etwa 40 Museen und zu beliebig vielen Fahrten im Touristenbus Madrid Visión.

Centro de Arte Reina Sofía [175 D–E3]

Eines der landesweit besten Museen, das ganz im Zeichen der jüngeren Kunstgeschichte steht. Werke u. a. von Dalí, Kandinsky, Magritte, Tàpies und Bacon. Höhepunkt ist Pablo Picassos weltberühmtes Antikriegsgemälde »Guernica«. Das Museum ist in ein umfangreiches Erweiterungsprojekt eingebunden. *Mo und Mi–Sa 10–21, So 10–14.30 Uhr, Santa Isabel 52, www.museo reinasofia.es*

Seit Jahrhunderten Zentrum und gute Stube der Stadt: Madrids Plaza Mayor

Museo del Prado [175 E2]

★ Die berühmte Gemäldesammlung zählt zu den weltweit besten mit zahlreichen Exponaten alter Meister wie Rubens, Rembrandt, van Dyck, Tizian und El Greco. Zu den Höhepunkten zählen Diego Velázquez' »Las meninas« und die »Schwarzen Malereien« von Francisco de Goya. Unter dem Architekten Rafael Moneo ist die Erweiterung des Prado vorangetrieben worden. *Di–So 9–20 Uhr, Paseo del Prado, www.museoprado.es*

Museo Thyssen-Bornemisza [175 D1–2]

Das dritte Museumshighlight der Hauptstadt mit zahlreichen Sälen im Palacio de Villahermosa: von frühen italienischen Meistern bis zur Pop-Art. Werke u. a. von Caravaggio, Dürer, El Greco, Rubens, Goya, Toulouse-Lautrec, van Gogh, Munch, Chagall und Picasso. *Di–So 10–19 Uhr, Paseo del Prado 8, www.museo thyssen.org*

ESSEN & TRINKEN

Los Arrieros [174 B2] Ins' TIP

Behagliche Speiseatmosphäre im alten Haus des Malers Gerardo Rueda (1926–1996), mehrere Essräume. Mo–Fr ist mittags das preisgünstige Tagesmenü zu empfehlen. *San Nicolás 9, Tel. 915 48 14 27, € – €€*

Café de la Ópera [175 B1]

Mo–Fr sind die Mittagsmenüs beliebt, Sa/So etwas teurer. Der wahre Hit jedoch sind die »gesungenen Dinner« ab 22 Uhr (Reservierung unerlässlich!). Während man tafelt, bekommt man live Opern- und Zarzuelastücke zu hören. *Arrieta 6, Tel. 915 42 63 82, €€ – €€€*

Tapas

Tapafans finden im weiten Einzugsbereich um die *Plaza de Santa Ana* [175 D2] eine schier unendliche Zahl entsprechender Lokale – und natürlich in der 1860 gegründeten *Casa Labra (*[174 C2]*, Tetuán 12).*

Ein Tempel der Kunst: Der Prado genießt Weltruhm

Beliebte Shoppinggegend mit zahlreichen Boutiquen und Juwelieren ist das gutbürgerliche Salamancaviertel **[175 D–E1]**, vor allem im Bereich um die Calle Serrano. Ungebrochen beliebt: der Floh- und Allerleimarkt *El Rastro* sonntags vormittags in der *Ribera de Curtidores* **[174 C3]** und umliegenden Straßen.

ÜBERNACHTEN

Acis y Galatea [0]
Schönes, kleines Designerhotel nahe Flughafen und Messe. *16 Zi., Galatea 6, Tel. 917 43 49 01, Fax 917 41 76 97, www.acisygalatea. com,* €€

Alhambra [174 C2]
Die zentrale Lage nahe der Puerta del Sol ist der große Pluspunkt dieser Pension. *13 Zi., Espoz y Mina 6, Tel. 915 21 31 14, Fax 915 32 70 78, www.hostalalhambra.com,* €

Gran Versalles [0]
Moderner Viersternekomfort in stilvollem, gepflegtem Ambiente. *145 Zi., Covarrubias 4–6, Tel. 914 47 57 00, Fax 914 46 39 87, www.hotelgranversalles.es,* €€€

AM ABEND

In Madrid sind die Nächte besonders lang, das Unterhaltungs- und Vergnügungsangebot ist riesig. Ausgehzonen finden Sie u. a. rund um die Plätze *Santa Bárbara* **[0]**, *Santa Ana* **[175 D2]** und *Dos de Mayo* **[0]** sowie um die *Plaza Alonso Martínez* **[0]**. Im Sommer verströmen Teile des *Paseo de la Castellana* **[0]** mit ihren Terrassenbars und Openaircafés ein besonderes Flair. Ein Muss für Musicalfans ist das zentrale *Teatro Lope de Vega* Inside Tipp */***[174 C1]** *Gran Vía 57, Tel. 915 47 20 11),* das mit aufwändigen Inszenierungen wie »Mamma Mia« immer wieder Erfolge feiert.

AUSKUNFT

[174 C2] *Plaza Mayor 3, Tel. 915 88 16 36, Fax 913 66 54 77, www.munimadrid.es*

ZIELE IN DER UMGEBUNG

Alcalá de Henares [166 B5]
Die traditionsreiche Universitätsstadt (190 000 Ew.) rund 30 km östlich von Madrid wird von Madrilenen gerne als Wohnstadt genutzt und versprüht in ihrem historischen Zentrum ein äußerst angenehmes Flair. Kein Wunder, denn 20 000 Studentinnen und Studenten fühlen sich hier pudelwohl.

Kunsthistorischer Höhepunkt ist die Ende des 15. Jhs. von Kardinal Cisneros gegründete Universiät *Colegio Mayor de San Ildefonso (Führungen Mo–Fr 11.30–13.30 und 16–18, Sa/So 11–14 und 16–19 Uhr; Plaza de San Diego),* die sich mit ihrer überschwänglich verzierten Fassade zum Vorplatz hin wendet. Im Innern erwarten Sie schöne Innenhöfe, die Kapelle San Ildefonso mit dem Marmorgrabmal des Kardinals und die von einer Kassettendecke im Mudejarstil überzogene Aula Magna. An der frequentiertesten Altstadtstraße, der *Calle Mayor,* liegt das Geburtshaus von Meisterdichter Cervantes *(Casa de Cervantes, Di–So 10–13.30 und 16 bis 18.30 Uhr).* An der weit ausladenden *Plaza de Cervantes* können Sie sich zum Drink niederlassen. Auskunft: *Plaza de los Santos Niños, Tel. 918 89 26 94, www.alcalaturismo.com*

Chinchón [166 B6]

Lauschiges Städtchen (4000 Ew.) 45 km südöstlich, ein klassisches Ausflugsziel der Hauptstädter mit vielen urigen Tavernen und Bodegas. Die besonders schöne *Plaza Mayor* ist von Holzgalerien umzogen, ein Stockwerk höher schaut man auf die *Torre de Santa María de Gracia* (18. Jh.) und die Kirche *Nuestra Señora de la Asunción*. Für geschmackvolle Unterkunft bürgt der in einem vormaligen Augustinerkloster untergebrachte *Parador (38 Zi., Tel. 918 94 08 36, Fax 918 94 09 08, chinchon@parador. es, €€)*.

El Escorial [166 A5]

Monumentale Renaissancepracht aus den Zeiten von König Felipe II, zwischen 1563 und 1584 unter Juan Bautista de Toledo und Juan de Herrera erbaut. Dieser auf rund 1030 m Höhe erbaute *Real Sitio de San Lorenzo de El Escorial (April bis Sept. Di–So 10–18, Okt.–März 10–17 Uhr, www.patrimonionacional.es)* diente als Sommerpalast und Kloster. Im barock überladenen Pantheon der Könige fanden viele Herrscher ihre letzte Ruhe, weitere Gräber von Prinzen und Prinzessinnen sind im Panteón de Infantes zu sehen. Im Palasttrakt befindet sich das Sterbezimmer von Felipe II; die einstigen Kapitelsäle der Mönche sind als Gemäldegalerien hergerichtet. Weitere Blickfänge: die Fresken in der Bibliothek und die Basilika mit ihrer 90 m hohen Kuppel. Vor oder nach dem Besuch bietet sich ein Bummel durch das Städtchen *San Lorenzo de El Escorial* (10 000 Ew.) an, das sich mit zahlreichen Bars und Restaurants bestens auf den steten Besucherstrom eingestellt hat.

SALAMANCA

[165 D5] Die auf rund 800 m an den Ufern des Río Tormes gelegene Provinzhauptstadt (168 000 Ew.) setzt Maßstäbe: mit einem der schönsten Zentralplätze *(Plaza Mayor)* und einer der traditionsreichsten Universitäten Spaniens (13. Jh.), die Salamanca ewig junges Studentenleben beschert. Schon Fremdherrscher wie Römer und Mauren fühlten sich hier wohl. König Alfonso VI brachte sie 1085 im Zuge der Reconquista zurück auf die Seite der Spanier. Die von vielfältigen Baudenkmälern durchsetzte Altstadt zählt zum Unesco-Welterbe.

SEHENSWERTES

Casa de las Conchas

Diese Fassade sollte niemand versäumen: Knapp 400 steinerne Muscheln sind Namensgeber des »Hauses der Muscheln«, eines Stadtpalasts, an dem von 1495 bis 1517 gebaut wurde. *Rúa Mayor*

Catedral Nueva/Catedral Vieja

Kathedralendoppel mit dem romanischen Vorläufer sowie der vom 16. bis 18. Jh. errichteten Catedral Nueva. Besonders schön an der Neuen Kathedrale ist die platereske Portalgestaltung. Das Innere beeindruckt Besucher mit der Wucht seiner Ausmaße (104 m lang, 50 m breit). *Neue Kathedrale Sommer tgl. 9–20, sonst 9–13 und 16–18 Uhr; Alte Kathedrale Sommer tgl. 10–19.30, sonst 10–12.30 und 16 bis 17.30 Uhr*

Plaza Mayor

Arkadenumzogener Platz aus dem 18. Jh., ein barockes Gesamtkunstwerk, das vom prallen Leben der Cafés beherrscht wird. Von hier aus lässt sich das historische Viertel prima entdecken.

Puente Romano

 Römerbrücke, mutmaßlich im 1. Jh. in 26 Bögen über den Río Tormes erbaut, im 17. Jh. ausgebessert. Schöne Ausblicke auf Altstadt und Fluss.

Universidad

Salamancas Universität blickt auf eine knapp 800-jährige Geschichte zurück, weite Teile der Architektur (so der *Patio de las Escuelas Meno-*

res) gehen auf das 15./16. Jh. zurück. Die platereske Hauptfassade ist ein Gedicht in Stein. Über der alten Bibliothek hängt der »Himmel von Salamanca«, *El Cielo de Salamanca*, ein Ende des 15. Jhs. vollendetes Werk des Malers Fernando Gallego. *Mo–Fr 9.30–13 und 16 bis 19, Sa 9.30–13 und 16–18.30, So 10–13 Uhr; Libreros*

Museo de Salamanca

Das Regionalmuseum widmet sich gleichermaßen archäologischen Funden wie den schönen Künsten. *Di–Sa 10–14 und 16–19, Sommer 17–20, So 10–14 Uhr; Patio de las Escuelas Menores*

Bardo

Viele Fisch- und Fleischgerichte, Salate und Omeletts. Gutes Mittagsme-

Jugendliches Flair in einer uralten Stadt: Die Studentenstadt Salamanca ist fast dreimal so alt wie ihre 800 Jahre »junge« Universität

nü auch an den Wochenenden. *Compañía 8, Tel. 923 21 90 89, € – €€*

Chez Víctor
Man rühmt ihn als einen der besten örtlichen Speisetempel. *Espoz y Mina 26, Tel. 923 21 31 23, €€€*

EINKAUFEN

Keramikgeschäfte finden Sie im Bereich der *Calle La Rúa,* Käse und Wurst gibt es auf dem Markt *(Plaza del Mercado).*

ÜBERNACHTEN

Condal
Zentral gelegenes, zweckmäßig eingerichtetes Zweisternehotel. Bisweilen spezielle Tarife (Homepage checken!). *70 Zi., Plaza Santa Eulalia 3, Tel. 923 21 84 00, Fax 923 21 13 54, www.hotelcondal.com, € – €€*

Goya
Schnörkelloses Hostal für Preissensible. Die gute, zentrale Lage gibt den Ausschlag, alles ist problemlos zu Fuß erreichbar. *15 Zi., Paseo Carmelitas 58, Tel./Fax 923 26 78 86, www.hostal-goya.com, €*

AM ABEND

Die Kneipenkultur blüht in der Altstadt um die *Plaza Mayor* und die *Calle Zamora.* Ein typisches Kaffeehaus ist das *Café Novelty* an der Plaza Mayor. Treffpunkte für junge Leute finden Sie z. B. in der *Calle del Prior.*

AUSKUNFT

Plaza Mayor 14, Tel./Fax 923 21 83 42, www.salamanca.es

ZIELE IN DER UMGEBUNG

Alba de Tormes [165 E5]
Pittoreskes Kirchenstädtchen (5000 Ew.) 20 km südöstlich, ebenfalls am Río Tormes gelegen. Im *Karmeliterkloster La Anunciación* verehren die Gläubigen den Reliquienschrein der

Im studentisch geprägten Salamanca sind die Nächte oft lang

hier verstorbenen heiligen Teresa de Ávila. Auskunft: *El Padre Raimundo 6, Tel. 923 30 08 98, www.albade tormes.com*

Béjar [165 D5]

Auf 960 m ins Höhengrün gebettetes Städtchen (17 000 Ew.) mit einigen interessanten Monumenten wie dem Herzogspalast (*Palacio Ducal,* 16. Jh.). Die mittelalterliche Stadtmauer geht auf die Mauren zurück. Béjar nimmt für sich in Anspruch, Spaniens älteste Stierkampfarena zu besitzen; der etwas außerhalb gelegenen Arena ist das *Museo Taurino* angeschlossen. Zentrale Unterkunft im Dreisternehotel *Colón (66 Zi., Colón 42, Tel./Fax 923 40 06 50, www.hotelcolonbejar.com, €–€€).* Auskunft: *Carretera de Salamanca, Tel./Fax 923 40 30 05, www.aytobejar.com*

Ciudad Rodrigo [165 D5]

Monumentales Städtchen (15 000 Ew.) 90 km südwestlich von Salamanca Richtung portugiesische Grenze am Río Agueda, entstanden aus einer römischen Siedlung. Der Name geht zurück auf den Grafen Rodrigo González, der im Mittelalter nach der Vertreibung der Mauren die Wiederbesiedlung vorantrieb. Zum historischen Erbe zählen die 2 km langen *Stadtmauern* und die romanisch-gotische *Kathedrale* mit ihrem schönen Figurenportal. Das Stadtbild prägen weitere Kirchen und Herrenhäuser. Stimmungsvoll geht es um die *Plaza Mayor* zu (dort auch Lokale und Tapabars).

Im Kastell des Enrique II de Trastámara aus dem 14. Jh. ist heute der *Parador (35 Zi., Plaza del Castillo 1, Tel. 923 46 01 50, Fax*

923 46 04 04, ciudadrodrigo@parador.es, €€–€€€) untergebracht. Um einiges preiswerter nächtigen Sie im *Hotel Lima (40 Zi., Paseo de la Estación 48, Tel. 923 48 08 19, Fax 923 48 21 81, www.hotel-lima. com, €).* Auskunft: *Plaza de Amayuelas 5, Tel. 923 46 05 61, www. ciudadrodrigo.net*

Ledesma [165 D4–5]

35 km nordwestlich von Salamanca liegt dieser 1000-Ew.-Ort am Río Tormes. Stolz ist man hier auf das historisch-kulturelle Ensemble mit *Burg* (15. Jh.), *Stadtmauern, Plaza Mayor* und einigen Kirchen. Einfache Unterkunft finden Sie im *Hostal La Beata (7 Zi., Paseo de Carmelitas 18, Tel. 923 57 02 46, €)* und in der *Pensión La Nena (4 Zi., Paseo de Carmelitas 19, Tel. 923 57 02 41, €).*

Parque Natural de las Batuecas [165 D5]

Gebirgiger, grüner Naturpark, der mit der Sierra de la Peña de Francia eine Höhe von 1728 m erreicht. Über den Gipfeln erheben Adler und Geier ihre Schwingen, in der Flora kommen u. a. Kastanien, Pinien und Wacholder vor. Es gibt Bergdörfer wie *San Martín del Castañar* und *Las Batuecas;* wichtigster Ort für Erkundungen ist *La Alberca,* wo es ein *Informationsbüro des Naturparks (La Puente, Tel. 923 41 52 92)* und mehrere Unterkünfte gibt. Dazu zählt das Landhotel *Las Batuecas (38 Zi., Avenida de las Batuecas 6, Tel. 923 41 51 88, Fax 923 41 50 55, www.hotelasbatuecas.com, €–€€),* dem ein gutes Restaurant angeschlossen ist. Deutlich günstiger kommen Sie im *Hostal Antiguas Eras La Alberca*

(12 Zi., Las Eras 29, Tel./Fax 923 41 51 13, €) unter. Der Park liegt rund 70 km südwestlich von Salamanca.

SEGOVIA

[165 F5] ★ Die ziemlich genau 1000 m hoch gelegene Provinzhauptstadt (57 000 Ew.) ist in dreierlei Hinsicht attraktiv: kulinarisch, historisch, baugeschichtlich. Schlemmer kommen gleichermaßen auf ihre Kosten wie Kunstinteressierte. Segovias Traumansichten werden oft mit einem Schiff verglichen: Der Alcázar formt den Bug, der knapp 90 m hohe Kathedralturm den Mast, der römische Aquädukt das Ruder.

Der Tourismus belebt die Atmosphäre, viele Tagesausflügler kommen über die Sierra de Guadarrama aus Madrid. Die breite Fußgängerzone lädt zum Flanieren ein. Die Bilderbuchaltstadt ist mit interessanten Bauwerken gespickt und steckt voller Kirchen, Klöster und Türme. Hinzu gesellen sich die Stadtmauern und Herrenhäuser wie die *Casa de los Picos* (15. Jh.). Dreh- und Angelpunkte sind die Plätze *Azoguejo, Mayor* und *San Martín.* Besonders schöne Ansichten auf die Stadt genießen Sie von der Cuesta de los Hoyos/Parque del Acázar. Eines soll nicht verschwiegen werden: das Klima. Im Winter zählt Segovia zu den kältesten spanischen Städten.

SEHENSWERTES

Acueducto
Monumentales städtisches Wahrzeichen, von der Unesco zum Erbe der Menschheit erklärt. Über den Aquädukt begannen die Römer im 1./2. Jh. Wasser aus dem fernen Ríofrío nach hier zu leiten; das letzte Teilstück war Atem raubend. Hier lief das kühle Nass über 166 pfeilergestützte, zweistöckige Bögen aus mehr als 20 000 mörtellosen Granitblöcken, die maximale Höhe betrug 28 m. Bei maurischen Attacken im 11. Jh. kamen Dutzende Bögen zu Schaden, wurden jedoch wieder hergerichtet.

Alcázar
⚜ In strategischer Spitzenlage ragt die im Mittelalter ausgebaute Festung hoch über dem Zusammenfluss von Eresma und Clamores auf und wirkt wie eine Mischung aus Ritterburg und Hexenschloss. Hier residierten zuweilen die kastilischen Könige, hier betrieb Alfonso X el Sabio himmelskundliche Studien, hier wurde Isabella zur Königin ausgerufen. Und im 16. Jh. feierte Felipe II auf dem Alcázar Hochzeit mit Anna von Österreich. Nach einer Brandkatastrophe 1862 wurde die Burg umfassend restauriert. *Sommer tgl. 10–19, Winter 10–18 Uhr*

Catedral
Man nennt sie die »Dame« unter Spaniens großen Gotteshäusern, ein spätgotischer Prachtbau, der über den Ziegeldächern der Altstadt thront. Die Apsis grenzt an die mittelalterliche *Judería,* das Judenviertel, in dem es seinerzeit fünf Synagogen gab. *Tgl. 9–18 (im Sommer bis 19) Uhr*

ESSEN & TRINKEN

Mesón de Cándido

Uriger gehts kaum als in diesem Restaurantklassiker im Schatten des

Segovias Bilderbuchaltstadt thront in 1000 m Höhe am Hang der Sierra

Aquädukts. Die Speiseräume verwinkeln sich über mehrere Ebenen, in Bildergalerien sind illustre Gäste festgehalten, Tradition seit 1884. Kulinarischer Hit sind Spanferkelgerichte. Reservierung empfohlen. *Plaza del Azoguejo 5, Tel. 921 42 59 11, www.mesondecandido.es, €€€*

El Portón
Für Gäste mit ausgeprägter Lust auf Fleisch; auch mexikanische Gerichte und Salate. Die Auswahl reicht von Schweinerippchen *(costillas de cerdo)* bis zum Megakotelett vom Rind *(chuletón). Romero 10, Tel. 921 44 45 06, € – €€*

ÜBERNACHTEN

Los Arcos
Komfortabel, vier Sterne, modern und zentral. *60 Zi., Ezequiel González 26, Tel. 921 43 74 62, Fax 921 42 81 61, www.hotellosarcos. com, €€ – €€€*

Corregidor
Ein zweckmäßiges Zweisternehotel, für das nicht zuletzt der günstige Preis spricht. *54 Zi., Carretera de Ávila 1, Tel. 921 42 57 61, Fax 921 44 24 36, www.hotelcorregidor. com, €*

La Huerta de San Lorenzo
Frendliche, ländliche Unterkunft im Stadtgebiet, familiär, alle Zimmer mit Bad. *4 Zi., Calle San Vicente el Real, Tel. 921 44 32 25, www.lahuerta. org, €*

AM ABEND

Beste Tapagegend in Segovia ist der Bereich um die *Plaza Mayor*. Beliebte Adressen sind u. a. das *Cañas y Tapas (Ezequiel González 41)*, die *Bar Menorá (San Frutos 21)* und das *Alcatraz (Nieves 44)*. Nachtleben findet zu späterer Stunde an der *Plaza San Martín* statt, und auch die *Calle Escuderos* ist immer ein guter Tipp.

Komplett aus Backstein und vielfältig geometrisch gegliedert: Castillo de Coca

AUSKUNFT

Plaza del Azoguejo 1, Tel. 921 46 67 20, Fax 921 46 67 24, www.infosegovia.com

ZIELE IN DER UMGEBUNG

Insider Tipp **Castillo de Coca** [165 F4]

In der näheren und weiteren Umgebung von Segovia gibt es einige interessante Festungen und eine Burgroute, die u. a. das Castillo de los Velasco in Padraza und das Castillo de Condado de Castilnovo passiert. Besonders schön jedoch ist das 50 km nordwestlich gelegene *Castillo de Coca (Mo sowie Mi–Fr 10.30–13.30 und 16.30–18.30, Sa/So 11–13.30 und 16.30–18.30 Uhr)*. Die Wurzeln des Kastells gehen auf das Jahr 1453 zurück, der Abschluss erfolgte im 16. Jh. Die Architektur wirkt monumental und geometrisch verspielt zugleich. Zentrum der Ortschaft *Coca* ist die

Plaza Mayor, weitere wichtige Bauwerke sind die *Torre de San Nicolás* und die spätgotische *Iglesia de Santa María la Mayor.*

La Granja de San Ildefonso [165 F5]

Rund 10 km südöstlich ist dieses Barockschloss erreicht, das sich Bourbonenherrscher Felipe V als »Klein-Versailles« errichten ließ. Spätere spanische Monarchen nutzten den Sitz als Sommerresidenz. Der Bau wurde 1721 begonnen, auch die mit Wasserspielen und Skulpturenbrunnen aufgelockerten Parkanlagen sind ein Genuss. *Sommer Di–So 10–18, sonst Di–Sa 10 bis 13.30 und 15–17, So 10–14 Uhr, Gärten im Hochsommer 10 bis 21, sonst 10–18 Uhr, www.patrimonionacional.es*

Riofrío [165 F5]

12 km südwestlich von Segovia erwartet Sie der *Palacio Real de Río-*

frío, ein Mitte des 18. Jhs. auf Initiative von Königin Isabella Farnese errichteter Palast italienischen Stils. Erhalten sind die königlichen Zimmer, außerdem gibt es ein *Jagdmuseum* zu sehen. *Sommer Di–So 10 bis 18, sonst Di–Sa 10–13.30 und 15–17, So 10–14 Uhr, www.patrimonionacional.es*

SORIA

[166 C4] Soria (35 000 Ew.), auf 1055 m in einem Hochtal am Río Duero gelegen, ist die die kleinste und am wenigsten entdeckte Provinzhauptstadt in Kastilien-León. Die Abgeschiedenheit haben in der Vergangenheit bekannte Dichter wie Gustavo Adolfo Bécquer (1836 bis 1870) und Antonio Machado (1875–1939) genutzt, um an ihren Werken zu feilen. Den besten Überblick über Stadt und Umland erlaubt der Burghügel *Parque del Castillo* mit seinem modernen *Parador (67 Zi., Tel. 975 24 08 00, Fax 975 24 08 03, soria@parador.es, €€)*; im Innern ist das Viersternehotel mit viel Stil dekoriert, das angeschlossene Restaurant bürgt für eine sehr gute Küche. Reisende mit kleinerem Budget quartieren sich im beschaulichen, kleinen *Hostal Arévacos (9 Zi., Clemente Sáenz 8, Tel./Fax 975 21 28 32, www.hostal arevacos.com, €)* ein.

Das kurioseste Bauwerk der Stadt liegt etwas außerhalb am Camino Monte de las Ánimas: das *Monasterio de San de Duero (Sommer Di–Sa 10–14 und 17–21, So 10–14 Uhr, sonst nachmittags 16–19 Uhr)*, ursprünglich ein Kloster aus dem 12. Jh., von dem die freistehenden Bögen des Kreuzgangs erhalten

sind. An der Plaza de San Pedro liegt die romanisch-gotische Kathedrale *San Pedro,* am Paseo del Espolón macht das *Museo Numantino (Sommer Di–So 10–21, sonst bis 20 Uhr)* mit der lokalen Archäologie vertraut. Wichtigstes Zivilgebäude der Stadt ist der *Palacio de los Condes de Gómara,* ein Renaissancepalais nahe der Plaza Mayor. Ebendort, rund um die *Plaza Mayor,* spielt sich auch das meiste Leben ab. Auskunft: *Medinaceli 2, Tel. 975 21 20 52, Fax 975 22 12 89, oficinadeturismodesoria@jcyl.es*

TOLEDO

[170 A1–2] ★ Toledo (70 000 Ew.) liegt 70 km südwestlich von Madrid über dem Flusstal des Tajo. Die von der Unesco zum Kulturerbe der Menschheit erhobene Altstadt gehört zu den Highlights einer Spanienreise und bündelt monumentale Pracht auf überschaubarem Raum – sofern man nicht gerade die Orientierung in den verwinkelten Gassen verliert, was selbst den Spaniern passiert! Immer wieder kann man sich durchschlagen und -fragen zur Catedral und zum Zentralplatz, der Plaza del Ayuntamiento.

Toledo, das Toletum der Römer und die langjährige Reichshauptstadt der Westgoten, erwuchs im Mittelalter zur »Stadt der drei Kulturen«. Christliche Spanier, muslimische Mauren und Juden lebten hier mit- und nebeneinander. Auf die Mauren gehen viele kunsthandwerkliche Traditionen zurück, die noch heute gepflegt werden. Im Jahreskalender der Fiestas stechen die Karwoche und Fronleichnam *(Corpus Cristi)* hervor.

Zauberer an der Lederkugel

**Der spanische Fußball
gibt den Ton an in Europa**

Fußball steht als Nationalsport unangefochten an der Spitze, Spaniens Vereine sorgen in der Champions League stets für Furore, Real Madrid gilt als bestes Kickerteam der Welt – was ein Leichtes ist, wenn man sich mit Abermillionen Euro Weltstars aus aller Welt zusammenkauft – ob Englands Wunderköpfchen David Beckham oder Brasiliens Weltmeister Ronaldo. Umso mehr schmerzen blamable Niederlagen, was einige ganz besonders freut: die Anhänger von Barça, dem FC Barcelona, traditioneller Hauptrivale von Real Madrid. Dabei geht es stets um mehr als nur um Sport – Barcelona, Dreh- und Angelpunkt katalanischen Selbstbewusstseins, bietet der Hauptstadt Madrid seit jeher die Stirn. 2005 stellte Barça, angeführt von Weltfußballer Ronaldinho, Madrid wieder einmal ins Abseits und fuhr die spanische Meisterschaft ein.

SEHENSWERTES

Alcázar
Massige Altstadtfestung, die ihre prägnante Gestalt im 16. Jh. bekam und immer wieder Zerstörungen ausgesetzt war, zuletzt im Spanischen Bürgerkrieg. Nach Zeiten wechselnder Nutzung haben die Umbauarbeiten für die Aufnahme des Heeresmuseums begonnen, das etwa 2007 von Madrid hierher verlegt werden soll. *Bei Redaktionsschluss geschl., Cuesta de Carlos V*

Catedral
Blickfang ist der 90 m hohe Turm, der sich genauso wie die gotischen Portale der Hauptfassade zum Rathausplatz hin wendet. Erbaut wurde dieses Meisterwerk von 1226 bis 1493. Mit ihren 120 m Länge und 60 m Breite zählt Toledos Kathedrale zu den größten Gotteshäusern in Spanien. Die Capilla Mayor und das Chorgestühl (15./16. Jh.) verdienen ebenso Beachtung wie der Kapitelsaal und die Sakristei. Angeschlossen ist ein interessantes Museum, das *Museo Catedralicio. Mo–Sa 10.30–18.30, So 14–18 Uhr, www.architoledo.org/cathedral, Plaza del Ayuntamiento*

Hospital Tavera
Hinter der Renaissancefassade aus der Mitte des 16. Jhs. verbergen sich wertvolle Kunstwerke u. a. von El Greco. *Tgl. 10.30 bis 13.30 und 15.30–18 Uhr, Duque de Lerma 2*

Iglesia de Santo Tomé
Kirche aus dem 12.–14. Jh., in dem El Grecos weltberühmtes Gemälde »Das Begräbnis des Grafen von Orgaz« (*El Entierro del Conde de Orgaz*, 1586–88) zu sehen ist. *Tgl. 10–17.45, Sommer 10–18.45 Uhr, Plaza del Conde*

Sinagoga de Santa María la Blanca

Ursprüngliche Synagoge aus dem 12. Jh., später in eine Kirche umgewandelt. Das zum Nationalmonument deklarierte Bauwerk besticht durch seine Bögen und Kapitelle; die Decke besteht aus Lärchenholz. *Tgl. 10–19 (Winter bis 18) Uhr; Reyes Católicos 4*

Sinagoga del Tránsito

Ehemalige Synagoge (14. Jh.) mit interessanter Dekoration im Mudejarstil. Angeschlossen ist das *Museo Sefardí*, das sich um jüdisches Leben in Spanien dreht. *Di–Sa 10–14 und 16–18 (Sommer bis 21), So 10 bis 14 Uhr; Samuel Leví*

MUSEEN

Casa-Museo El Greco

Werkschau des aus Griechenland stammenden Malers El Greco (1541 bis 1614), der ursprünglich Domenikos Theotokopoulos hieß und seine Ausbildung in Venedig und Rom genoss. In Toledo war er ab 1577 bis zu seinem Tod 1614 tätig. *Di bis Sa 10–14 und 16–18 (Sommer bis 21), So 10–14 Uhr; Samuel Leví 3*

Museo de los Concilios y de la Cultura Visigótica

Auf Archäologie und Zeugnisse westgotischer Kultur spezialisiertes Museum in der Iglesia de San Román. *Di–Sa 10–14 und 16–18.30, So 10–14 Uhr; San Clemente 4*

ESSEN & TRINKEN

Adolfo

Eine der besten Adressen für Fleischhungrige. *Granada 6, Tel. 925 22 73 21, €€€*

Corral de Don Diego

Lamm und Zicklein zählen zu den Spezialitäten. *Corral de Don Diego 5, Tel. 925 23 35 52, € – €€*

EINKAUFEN

Über die gesamte Altstadt verteilen sich viele Kunsthandwerksläden. Zu den beliebten Einkaufs- und Bummelzonen zählen die *Calle del Comercio,* die *Calle de Santo Tomé,* die *Calle del Cardenal Cisneros* und die *Calle de la Ciudad.*

ÜBERNACHTEN

Abad

Stilvolle Unterkunft in der Altstadt. Das Haupthaus diente noch bis Anfang des 19. Jhs. als Schmiede.

In Toledo nehmen Besucher überall die Fährte von El Greco auf

22 Zi., Real de Arrabal 1, Tel. 925 28 35 00, Fax 925 28 35 01, www.hotelabadtoledo.com, €€

Santo Tomé
Klein, aber fein – und nicht überteuert. Innenstadtlage. *10 Zi., Santo Tomé 13, Tel. 925 22 17 12, Fax 925 22 58 55, www.hostalsantotome.com, €*

AUSKUNFT

Puerta de Bisagra, Tel. 925 22 08 43, Fax 925 25 26 48, www.guiatoledo.com

VALLADOLID

[165 E4] Die am Río Pisuerga gelegene Hauptstadt (330 000 Ew.) von Kastilien-León zählt zu den versteckteren Entdeckungen in Spanien. Sie diente in der Vergangenheit vorübergehend als Königsresidenz. Lassen Sie sich nicht von modernen Gewerbegebieten und Satellitenvierteln abschrecken – im Kern weiß Valladolid seine Besucher ein ums andere Mal zu überraschen. Das muntere Studentenleben ist äußerst ausgeprägt, und während der Karwoche finden beeindruckende Prozessionen statt.

SEHENSWERTES

Campo Grande
Der Stadtpark, die beliebte grüne Lunge der Stadt, grenzt an die Plaza de Zorrilla.

Catedral Nuestra Señora de la Asunción
Unvollendet gebliebene Kathedrale, die 1580 zu Zeiten von König Feli-

pe II unter Juan de Herrera begonnen wurde. Die Hauptfassade stammt aus dem 18. Jh. Interessant ist das *Museo Diocesano y Catedralicio* in der ehemaligen Stiftskirche. *Mo–Fr 10–13.30 und 16.30–19, Sa/So 10–14 Uhr, Plaza Universidad/Arribas*

MUSEEN

Casa-Museo de Cervantes
Adelshaus aus dem frühen 17. Jh., in dem Meisterliterat Cervantes zwischen 1603 und 1606 lebte. *Di bis Sa 9.30–15, So 10–15 Uhr, Calle del Rastro*

Casa-Museo de Colón
Dieses Haus des Christoph Kolumbus ist an jener Stelle erbaut worden, an der der Seefahrer 1506 starb. Die Exponate drehen sich um indigene Kulturen der Neuen Welt und das Zeitalter der Entdeckungen. *Di–Sa 10–14 und 17–19, So 10–14 Uhr, Colón*

Museo Nacional de Escultura
Nationalmuseum für Bildhauerei, untergebracht im Palacio de Villena. Künftig soll die Sammlung auch im benachbarten Colegio de San Gregorio zu sehen sein und somit einen besonders würdigen Rahmen erhalten. Das Colegio (bei Redaktionsschluss noch geschlossen) wurde Ende des 15. Jhs. von Alonso de Burgos als theologische Studienanstalt begründet und mit einer der verschnörkeltsten Fassaden jener Epoche ausstaffiert. Das Museum deckt den Zeitraum vom Mittelalter bis zum 19. Jh. ab, u. a. mit Werken von Gregorio Fernández und Alonso Berruguete. *Mitte März bis Mitte Sept. Di–Sa 10–14 und 16 bis*

Sprühendes Leben: Valladolid präsentiert sich nicht nur an der Plaza de Zorrilla als erfrischend junge und charmante Stadt

21, So 10–14 Uhr, Mitte Sept.–Mitte März Di–Sa 10–14 und 16–18, So 10–14 Uhr, www.mne.es, Cadenas de San Gregorio 1

Patio Herreriano – Museo de Arte Contemporaneo Español

Die Sammlung zeitgenössischer spanischer Kunst reicht von 1918 bis in die Gegenwart. *Di–Fr 11–20, Sa 10–20, So 10–15 Uhr, www. museopatioherreriano.org, Jorge Guillén 6*

ESSEN & TRINKEN

La Goya

Eine der städtischen Traditionsadressen. *Puente Colgante 79, Tel. 983 35 57 24, €€€*

Tapas

Die klassische Häppchenzone liegt nahe der Plaza Mayor und ist als *Zona Correos* oder auch als *Zona Coca* (abgeleitet vom Namen eines alten Kinos) bekannt.

ÜBERNACHTEN

Conde Ansúrez

Etwas außerhalb gelegen, was für Autofahrer den Vorteil problemloseren Parkens hat. Vier Sterne. *46 Zi., Avenida Gijón 100, Tel. 983 36 23 10, Fax 983 01 55 01, www.condeansu rez.com, €€*

París

Sauberes Hostal, Zimmer mit Bad. Zentrale Lage nahe der Plaza Mayor.

Ansichten von Spanien

**Lektüre für die Reise –
und eine Warnung vor dem Kulturschock**

Die Erotik und andere Gespenster« von Romancier Max Aub zeichnet ein ungewöhnliches Porträt des Meisterregisseurs Luis Buñuel. In seinem köstlichen Kurzroman »Der Mieter« beleuchtet Spaniens neues Erzähltalent Javier Cercas die seltsame Spezies des Mieters und seiner Nachbarn. Der Band »Kulturschock Spanien« von MARCO POLO Autor Andreas Drouve dreht sich um Alltagsleben und fremdartige Mentalität – nach der Lektüre dürfte Ihnen vieles weniger spanisch vorkommen. In »Die Spanier und die Liebe« geht es Autor Franz Handlos nicht nur um Don Juan und das pikante Liebesleben an spanischen Fürstenhöfen. In Kapiteln zu gegenwärtiger Prostitution und Cybersex nimmt er kein (Feigen-)Blatt vor den Mund.

33 Zi., Espacería 2, Tel. 983 37 06 25, Fax 983 35 83 01, www.hostalparis. com, €

AM ABEND

Wem die Gegend der Plaza Mayor zu ruhig ist, findet – speziell am Wochenende – ausschweifenderes Nachtleben im Bereich der *Calle Francisco Suárez.*

AUSKUNFT

Pabellón de Cristal, Acera de Recoletos, Tel. 983 21 93 10, www.va lladolidturismo.com

ZIELE IN DER UMGEBUNG

Palencia [165 E–F3]
Knapp 50 km nordöstlich gelegene Provinzhauptstadt (82 000 Ew.), die unter der Sonne der Meseta eher ein Schattendasein führt – zu Unrecht, denn es gibt einige interessante Stellen wie die *Plaza Mayor* und die *Calle Mayor* mit ihren Laubengängen zu entdecken. Am nördlichen Rand der Stadt zieht der *Cristo del Otero* die Blicke an, eine moderne Christusstatue des Bildhauers Victorio Macho.

Im 13. Jh. erlebte Palencia mit der Gründung der Universität und dem Baubeginn der gotischen Kathedrale seine wahre Blüte. Das *Kathedralmuseum (Museo Catedralicio, tgl. 9–14 und 16–20 Uhr, Plaza de la Inmaculada)* bewahrt interessante Kunstschätze, das *Museo de Palencia (Di–Sa 10–14 und 16.30 bis 20.30, So 10.30–14.30 Uhr, Plaza del Cordón)* zeigt Stücke von der Vorgeschichte bis zum Mittelalter. Solide Dreisterneunterkunft im Hotel *Castilla Vieja (69 Zi., Avenida Casado del Alisal 26, Tel. 979 74 90 44, Fax 979 74 75 77, www.hotelessuco.com, €€).*

Besonders stilvoll betten Sie sich 25 km südwestlich in *Ampudia,* das wegen seines historisch-künstlerischen Gepräges ohnehin einen Abstecher verdient. In einem dortigen Haus aus dem 17. Jh. ist das schmöne Landhotel *Casa del Abad* *(16 Zi., Plaza Francisco Martín Gromaz 12, Tel. 979 76 80 08, Fax 979 76 83 00, www.casadelabad.com, €€–€€€)* untergebracht; das angeschlossene Restaurant *Arambol* *(€€€)* genießt einen ausgezeichneten Ruf.

Auskunft in Palencia: *Mayor 105, Tel. 979 74 00 68, Fax 979 70 08 22, www.palencia-turismo.com*

Peñafiel   [165 F4]

Peñafiel liegt rund 55 km östlich von Valladolid inmitten der Weinbauregion Ribera del Duero, des Stars am spanischen Weinhimmel. Man reibt sich die Augen: Fast unwirklich sitzt das Kastell von Peñafiel dem örtlichen Felsen auf und nimmt eine gewaltige Länge von über 200 m ein. Es ist eine der imposantesten Burgen Spaniens und beherbergt heute das *Weinmuseum (Di–So 11–14.30 und 16.30–20.30, Winter bis 19 Uhr)*. Es besteht auch die Gelegenheit zu einer Weinprobe *(degustación)*. Auskunft: *Plaza del Coso, 2, Tel. 983 88 15 26, Fax 983 88 06 50, www.turismopenafiel.com*

Tordesillas   [165 E4]

30 km südwestlich am Río Duero gelegene Kleinstadt (9000 Ew.), die einen geschichtlich klangvollen Namen hat: Mit dem 1494 geschlossenen Vertrag von Tordesillas steckten die Eroberernationen Spanien und Portugal die Lage ihrer kommenden Territorien in der Neuen Welt ab. Wichtigstes Bauwerk ist das *Real Monasterio de Santa Clara*, ein Klarissenkloster, das von Alfonso XI im 14. Jh. ursprünglich als Palast erbaut wurde. Auskunft: *Casas del Tratado, Tel./Fax 983 77 10 67, www.tordesillas.net*

Ritterburg und Weinmuseum: Peñafiel in der Weinregion Ribera del Duero

Am Ursprung des Spanienmythos

Berge, Städte und Küsten Andalusiens verzaubern seit jeher die Besucher

Spaniens Süden verheißt berauschende Lebensfreude, sonnendurchglühte Küsten und das historisch-kulturelle Erbe der Mauren. Hier durchfährt man weiße Dörfer, weite Weidegebiete für Kampfstiere und Olivenhaine mit Millionen knorriger Bäume. Andalusien, das Al-Andalus der Mauren, zeigt sich als eine der abwechslungsreichsten Gegenden Europas. In die 87 600 km^2 große Autonome Gemeinschaft würden die Niederlande mehr als zweimal hineinpassen – die Entfernungen sind nicht zu unterschätzen. Ein gut ausgebautes Straßennetz verbindet die wichtigsten Städte miteinander, doch in Gebirgsgegenden ist nur langsames Fortkommen möglich. Aus der Fülle an sehenswerten Zielen kann dieser Band nur eine Auswahl präsentieren. Ausführliche Informationen finden Sie in den MARCO POLO Bänden »Andalusien« und »Costa del Sol/Granada«.

Unterwegs mit Rotbraut: Straßenszene in Andalusien

ALMERÍA

[170 C6] *Al-Mariyya,* »Spiegel des Meeres«, nannten die Mauren die

Von Grund auf saniert: Sevillas urtümliches Viertel Santa Cruz

se Hafenstadt (170 000 Ew.) am Mittelmeer und hielten sie gegen die Katholischen Könige fast bis zum Ende der Reconquista. Der Hafen hat unverändert große Bedeutung; heute dient er vor allem für die Obstverschiffung. Maurisches Erbstück ist die trutzige ✹ *Alcazaba (Di–So 9–18.30, Sommer bis 20.30 Uhr, Almanzor);* diese weit ausgreifende Festung hat ihre Wurzeln im 10. Jh. und erlaubt prächtige Ausblicke. Das monumentale Bild setzt sich in der Altstadt mit der wehrhaften *Catedral (Mo–Fr 10 bis 16.30, Sa 10–13 Uhr, Plaza de la Catedral)* fort. Spaziergänge führen durch den *Parque de Nicolás Salmerón* und zur *Plaza de la Constitución,* die Einkaufs- und Bummelzonen liegen um die *Calle de las Tiendas.*

Eine eindrucksvolle Trutzburg ist die 800 Jahre alte Alcazaba von Almería

Fischfreunde kehren im *Club de Mar (Playa de las Almadrabillas, Tel. 950 23 50 48, €€€)* mit schönem Blick auf den Hafen ein. Auf ein ausgesprochenes Tapaviertel stoßen Sie hinter dem Paseo de Almería, zwischen Calle Real und Calle Trajano. Bemerkenswert sind *Casa Puga (Jovellanos 7)* und *Quinto Toro (Reyes Católicos, beim Hauptmarkt)*.

Zum Übernachten empfiehlt sich das zweckmäßig eingerichtete, zentrale *Indálico (100 Zi., Dolores Sopeña 4, Tel. 950 23 11 11, Fax 950 23 10 28, www.hotelindalico. com, €€)*. Auskunft: *Parque de Nicolás Salmerón, Tel. 950 27 43 55, Fax 950 27 43 60, www.dipalme.org*

ZIELE IN DER UMGEBUNG

 **Parque Natural Cabo de Gata-Níjar** **[170 C6]**

Karg und wildromantisch zeigt sich dieser östlich von Almería beginnende, vulkanisch geprägte Natur-park *(www.cabodegata-nijar.com)*, der sich um das weit ins Meer vor-stoßende Cabo de Gata legt. Ins Bild gehören Sandstrände, Felsformationen, kleine Dörfer und das halbwüstenartige Hinterland. Über 140 Vogelarten sind in diesem Gebiet dokumentiert worden – mit etwas Glück können Sie sogar Flamingos beobachten.

Wichtiger Ort ist das am Meer gelegene *San José*, wo Sie einen Strand, den Hafen und einige Unterkünfte finden. Dazu zählen das Hotel *La Posada de Paco (20 Zi., Correo, Tel. 950 38 00 10, Fax 950 38 04 14, www.laposadadepaco.com, €–€€)* und das preisgünstigere *Hostal Las Gaviotas (38 Zi., Correo, Tel. 950 38 00 11, Fax 950 38 00 13, www.hlasgaviotas. com, €)*. Radtouren durch den Naturpark veranstaltet *Almería Bike Tours (Conde Villamonte 36, Tel./Fax 950 31 73 00, www.almeria-bike-tours.de)*.

Sierra de Alhamilla   [170–171 C–D 5–6]

Rund 25 km nordöstlich der Stadt steht die Hitze über einer Wüstenszenerie, die oft als Filmkulisse für Western gedient hat. Clint Eastwood und Burt Lancaster sind hier schon durch die Lande geprescht. Das »Westernnest« lockt mit seinen Westernshows (wechselnde Zeiten, im Regelfall 12 und 17 Uhr, im Winter meist nur an den Wochenenden, im Hochsommer Zusatzshow um 20 Uhr). Daneben gibt es einen kleinen Zoo *(Reserva Zoológica)*. 17 km nördlich von Almería pflegt das ganzjährig geöffnete Hotel *Balneario Sierra de Alhamilla (20 Zi., Pechina, Tel. 950 31 74 13, Fax 950 16 02 57, €–€€)* alte Thermaltraditionen. Die Anwendungen richten sich nach den individuellen Bedürfnissen.

CÁDIZ

[169 D5] Die Atlantikstadt (150 000 Ew.) blickt auf mehr als 3000 Jahre Geschichte zurück – der Legende zufolge soll sie von Herkules höchstselbst begründet worden sein. In Frühzeiten nutzten schon Phönizier und Römer das alte Gadir als Umschlagplatz; heute noch spielen Handel und Hafen eine wichtige Rolle.

Der ältere und interessantere Teil von Cádiz breitet sich über das Ende einer Landzunge aus, die von historischen Bollwerken und freundlichen Promenaden besetzt ist. Für Badefreuden empfiehlt sich die Kernstadt nicht, die ausgedehnten Strände liegen weiter südlich. Während der Karnevalsfeiern verwandelt sich Cádiz alljährlich in ein Tollhaus.

Im netten Zentrum empfiehlt sich ein Besuch der *Catedral Nueva (Di–Fr 10–13.30 und 16.30–19, Sa 10–13 Uhr, Plaza de la Catedral)*, an der von 1722 bis 1838 gebaut wurde. Beachtung verdienen die große Kuppel und die Grabstätte des aus Cádiz stammenden Komponisten Manuel de Falla (1876–1946). Weitere interessante Kirchen sind *San*

MARCO POLO **Highlights** »Südspanien«

★ **Alhambra**
Die »rote Burg« in Granada wurde von den maurischen Herrschern als Paradies auf Erden angelegt (Seite 130)

★ **Sevilla**
Kathedrale mit maurischem Turm, rundherum die Altstadt mit traumhaften Plätzen und Kneipen (Seite 135)

★ **Mezquita**
Die Moschee in Córdoba mit ihrem grandiosen Säulenwald und hineingebauter Kirche (Seite 129)

★ **Jerez de la Frontera**
Namhafte Bodegas verlocken am Ursprungsort des Sherrys zum Besuch und zu Kostproben (Seite 126)

Auf einer Landzunge schiebt sich Cádiz in den Atlantik

Juan de Dios, Santa María und das *Oratorio de San Felipe Neri (Mo–Sa 10–13.30 Uhr; Santa Inés 9).* Das nahe der Kathedrale gelegene *Teatro Romano (Di–So 10–14 Uhr; Campo del Sur)* datiert aus dem 1. Jh. v. Chr. und ruft die Römerzeit ins Gedächtnis.

Mit voller Wucht ins Hier und Heute stürzen Sie sich um die *Plaza de la Libertad* ins Häppchenvergnügen der Tapabars. Ausschweifenderes Abend- und Nachtleben geht vor allem im Sommer um die *Punta de San Felipe,* die 🏃 *Plaza de Argüelles* und die *Calle General Múñoz Arenilla* ab. Zentrale und nicht überteuerte Unterkunft im Dreisternehaus *Hotel de Francia y París (57 Zi., Plaza de San Francisco 6, Tel. 956 21 23 19, Fax 956 22 24 31, www.hotelfrancia.com, € – €€).* Auskunft: *Avenida Ramón de Carranza, Tel. 956 25 86 46, Fax 956 25 24 49, www.cadizturismo.com*

ZIELE IN DER UMGEBUNG

Arcos de la Frontera [169 E5]

Weißes Traumstädtchen 65 km nordöstlich von Cádiz über den Ufern des Río Guadalete. Das historische Viertel breitet sich mit schmalen Gassen und verschachtelten Häusern über ein Felsmassiv. Schöner Ausblick vom 🔅 *Mirador* nahe dem Rathaus. Geschmackvolle Unterkunft im kleinen Hotel *La Casa Grande (7 Zi., Maldonado 10, Tel. 956 70 39 30, Fax 956 71 70 95, www.lacasagrande.net, € – €€),* das in einem Herrenhaus aus dem 18. Jh. eingerichtet ist und ein gutes Preis-Leistungs-Verhältnis bietet.

Jerez de la Frontera [169 D5]

★ Weit ausgreifende Stadt (194 000 Ew.) der Andalusierpferde und der Reitsporttraditionen, der Sherry- und Brandyproduzenten. Ein Erlebnis ist der Besuch einer Sherrybodega, durch deren heilige Hallen und

Fässerlager Führungen gehen. Natürlich darf weder die abschließende Kostprobe noch die Möglichkeit zum Einkauf fehlen – auf günstige Preise direkt vom Erzeuger darf man dabei allerdings nicht hoffen, manches bekommen Sie andernorts günstiger! Besonders gut organisiert sind die Besuche bei den zentral gelegenen *Bodegas González Byass (tgl., Manuel María González 12, Anmeldung Tel. 956 35 70 00, www.gonzalezbyass.es)*, wo man innerhalb des Geländes einige Strecken mit einem Bähnchen zurücklegt.

Lohnend ist ein Innenstadtbummel zur wuchtigen *Kathedrale* und zum *Alcázar*; zwischendurch lässt sich der Sherry in kleinen Kneipen kosten. In der berühmten Andalusischen Schule der Reitkunst *(Real Escuela Andaluza de Arte Ecuestre)* können Sie den »Tanz der andalusischen Pferde«, eine profesionelle Dressurvorführung in großer Halle, miterleben *(in der Regel Di und Do 12 Uhr, Tickets auch online unter www.realescuela.org)*.

Hoteltipp: *Doña Blanca (30 Zi., Bodegas 11, Tel. 956 34 87 61, Fax* 956 34 85 86, *www.hoteldonablanca.com, € – €€)* – zentraler geht es nicht, und der Preis stimmt auch, verdoppelt sich allerdings bei Großereignissen. Auskunft: *Alameda Cristina, Tel. 956 32 47 47, Fax 956 33 96 28, www.turismojerez.com*

Tarifa [169 E6]

Die alte Festungs- und Seefahrerstadt (15 000 Ew.) an der schmalsten Stelle der Meerenge von Gibraltar liegt nur 14 km vom afrikanischen Kontinent entfernt. Tarifa gilt als *das* Windsurferparadies Europas, auf die entsprechende Klientel hat sich das *Hurricane Hotel (33 Zi., Carretera de Cádiz, km 78, Tel. 956 68 49 19, Fax 956 68 03 29, www.hurricane hotel.com, €€ – €€€)* eingestellt. Etwas günstiger ist das nahe *Hotel Valdevaqueros (selbe Kontaktnummern, € – €€)*.

CÓRDOBA

[169 F3] In der weit ausgeuferten Stadt (320 000 Ew.) am Río Gua-

Kampfstiere

In den Zuchtgebieten der *toros bravos*

Auf den weiten Weiden Andalusiens werden häufig Kampfstiere *(toros bravos)* gezüchtet. Während der Zucht testet man ihren Kampfesmut und führt sie nach vier Jahren ihrem Schicksal in Spaniens Stierkampfarenen zu. Kampfstiere bringen gut und gerne 600 kg auf die Waage. Kleinere, jüngere Stiere *(novillos)* werden bei *novilladas* eingesetzt: Kämpfe, bei denen sich Nachwuchstoreros behaupten müssen. Oft enden *novilladas* in einem blutigen Gestochere, bei dem nur den wenigsten der Todesstoß auf Anhieb gelingt. Learning by doing – der angehende Matador übt halt noch …

dalquivir hält sich das maurische Erbe mit der weltberühmten Mezquita lebendig, in deren Säulenwald die christlichen Herrscher im 16. Jh. eine Kathedrale platzierten. Gleichwohl hat sich der alte islamische Glanz jener Stadt erhalten, die im 10. Jh. die fortschrittlichste auf der ganzen Iberischen Halbinsel war. Abd ar-Rahman III. erhob sie zum politisch-kulturellen Mittelpunkt seines Kalifats, überall gab es Schulen, Bet- und Badehäuser.

Die Innenstadt können Sie problemlos zu Fuß erkunden; weiße Häuser und schmale Gassen fügen sich zu einem faszinierenden Mosaik. Im Kontrast dazu herrschen in den modernen Außenbereichen wenig einladende Bilder vor. Wer sich länger in der Stadt aufhält und viele Baudenkmäler und Museen besichtigen will, sollte sich die Córdoba Card *(www.cordobacard.com)* besorgen.

SEHENSWERTES

Altstadt

Von der Seite des Guadalquivir her ist die belebte *Calle Torrijos* ein beliebter Einstiegspunkt in die Altstadt; dort warten auch Pferdefuhrwerke zu Rundfahrten. Ganz in der Nähe liegt der im 14. Jh. auf den Fundamenten einer maurischen Festung begonnene *Alcázar de los Reyes Cristianos (Di–Sa 10–14 und 16.30–18.30, im Hochsommer 8.30–14.30, So 9.30–14.30 Uhr; Campo Santo de los Mártires),* eine einstige Königsresidenz. Córdobas Vorzeigegasse ist das schmale »Blumengässchen« *Calleja de las Flores,* in dem sich allerdings gelegentlich Besuchergruppen stauen. In einem anderen verwinkelten Gassengeflecht erreichen Sie bei der *Plaza Tiberiades* das mittelalterliche Judenviertel, die *Judería.* In stark restauriertem Zustand hat sich in der Cal-

Die Mezquita in Córdoba – ein interreligiöses Gesamtkunstwerk

le Judíos die *Sinagoga (Di–Sa 9.30 bis 14 und 15.30–17.30, So 9.30 bis 13.30 Uhr)* erhalten; interessant sind dort die Stuckdekorationen.

Mezquita

★ Die *Mezquita (Mo–Sa 10 bis 17.30, So 9–10.45 und 13.30 bis 18.30 Uhr, Sommer jeweils bis 19 Uhr, Torrijos)* zieht Besucher mit ihrem einzigartigen Bogen- und Säulenwald in den Bann. Begonnen wurde die einstige Moschee Ende des 8. Jhs., gefolgt von mehreren Erweiterungsphasen. Im Orangenhof, dem *Patio de los Naranjos,* nahmen die Moslems ihre rituellen Waschungen vor; zum Glockenturm ist unter den Christen das daran anschließende Minarett umfunktioniert worden. Im Innern der Mezquita ist das Allerheiligste, die Gebetsnische *mihrab,* von ausgemachtem Prunk umgeben. Die stilfremd ins Zentrum hineingebaute Kathedrale ist im Renaissancestil gehalten.

Palacio de Viana

Prunkvolles Palais aus dem 14. Jh. mit vielen Innenhofen. *Mo–Fr 10 bis 13 und 16–18 (Sommer 9–14), Sa 10–13 Uhr, Plaza de Don Gome*

Museo Julio Romero de Torres

Das Werk des großen cordobesischen Malers (1874–1930), der sich insbesondere durch viele Genreszenen hervortat. *Di–Sa 10–14 und 17.30–19.30, Hochsommer 8.30–14.30, So 9.30–14.30 Uhr, Plaza del Potro*

Museo Municipal Taurino

Stierkampfmuseum in der Judería, für Spanier eine echte Kultstätte. *Di* bis Sa 10–14 und 16.30–18.30, Hochsommer 8.30–14.30 Uhr, So 9.30 bis 14.30 Uhr, Plaza de Maimónides*

Bodegas Campos

Insider Tipp

Altstadtkneipe und -restaurant, bei Einheimischen extrem beliebt. Im rustikalen Barvorraum gibt man sich Tapagenüssen hin, dahinter und oben lässt man sich zum ausgiebigeren Tafeln nieder. *Los Lineros 32, Tel. 957 49 75 00, €–€€*

Im *Zoco Municipal* an der *Calle Judíos* sind Schmuck- und Keramikerzeugnisse der cordobesischen Kunsthandwerkervereinigung erhältlich.

Insider Tipp

Casa de los Azulejos

Architektonisch wertvolles Hotel in einem Haus, das Elemente aus dem 17. Jh. bewahrt. Einrichtung mit viel Stil und Geschmack. *8 Zi., Fernando Colón 5, Tel. 957 47 00 00, Fax 957 47 54 96, www.casadelosazulejos.com, €€*

Torrijos 10, Tel. 957 47 12 35, Fax 957 49 17 78, www.turismodecordoba.org

GRANADA

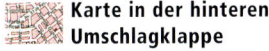 **Karte in der hinteren Umschlagklappe**

[170 B5] Spanische Topdestination (265 000 Ew.), die ihre Zugkraft im

GRANADA

Vor den Bergen der Sierra Nevada erhebt sich die Alhambra über Granada

Wesentlichen den Glaubensfeinden verdankt: den Mauren, die mit ihrer »roten Burg« (so die Bedeutung des arabischen Worts *alhambra*) ein Weltwunder schufen. Granada war die letzte Stadt auf der Iberischen Halbinsel, die sich 1492 der Reconquista beugte. Das Stadtviertel Albaicín hat den Charakter einer Medina bewahrt; die eigentliche Altstadt legt sich um die Kathedrale.

Die Lebensfreude ihrer Bewohner macht Granada zu etwas Besonderem – und die umliegende Landschaft auch. In der Ferne glänzen Eis und Schnee der Sierra Nevada. Abseits des touristischen Mainstreams durch das Zigeuner- und Flamencoviertel Sacromonte empfiehlt sich ein Besuch der Abtei Sacromonte mit ihrer San-Cecilio-Höhle, während sich die zentrumsnahen Flusspromenaden des Río Genil für ausgiebige Spaziergänge eignen. Ausführliche Informationen finden Sie im Marco Polo Band »Costa del Sol/Granada«.

SEHENSWERTES

Albaicín

In einem der schönsten Stadtviertel Spaniens bleibt keine andere Wahl, als es zu Fuß zu entdecken. Handtuchschmale Gassen ziehen sich den Hang hinauf, atemschwer geht es an arabischen Teestuben und Souvenirshops aufwärts – am besten mit Stadtplan, denn die Orientierung ist alles andere als einfach! Der Lohn wartet ganz oben mit der ⚜ *Plaza de San Nicolás* und einem Aussichtspunkt, der ein grandioses Panorama garantiert: die Alhambra in monumentaler Breite vor den Kulissen der Sierra Nevada. In den letzten Jahren hat sich viel getan im Albaicín, viele im Verrotten begriffene Bauten sind zu begehrten Spekulationsobjekten geworden.

Alhambra

★ Auf den Höhen über der Stadt im 13./14. Jh. wahr gewordenes

Märchen aus Tausendundeiner Nacht, speziell im Palastbezirk der Nasriden mit dem Myrtenhof *(Patio de los Arrayanes)* und dem Löwenhof *(Patio de los Leones)* mit seinen grazilen Galerien und phantasievollen Ornamenten. Die Vorburg *Alcazaba* trägt Wehrcharakter, in den dahinter liegenden Lustgärten des *Generalife* bestimmen Wasserspiele und Grün das Bild. Stilbrüchig wurde im 16. Jh. der *Palacio de Carlos V* auf das Alhambraplateau platziert; immer wieder schweifen die Blicke über das altehrwürdige Viertel Albaicín.

Der tägliche Besucherzustrom auf die Alhambra ist begrenzt worden; Vorverkauf in BBVA-Bankfilialen, telefonische Kartenreservierung unter *Tel. 902 22 44 60,* aus dem Ausland *Tel. 0034 915 37 91 78* oder im Internet unter *www.alhambratickets.com.* Weitere Informationen unter *www.alhambra-patronato.es.* Die Alhambra hat wechselnde Öffnungszeiten: *März.–Okt. tgl. 8–20, Nov.–Feb. 8–18 Uhr, nächtliche Besuchstermine März–Okt. Di bis Sa 22–23.30, Nov.–Feb. Fr/Sa 20–21.30 Uhr*

Catedral/Capilla Real

Die Kathedrale datiert in ihren Ursprüngen aus dem 16. Jh., der Turm ist unvollendet geblieben. An den Bau schließt sich die Capilla Real an, die museal aufbereitete Königliche Kapelle mit den Grabmälern der Katholischen Könige Ferdinand und Isabella. Im angrenzenden Viertel *Alcaicería* verästeln sich Ladengassen, in denen orientalische Atmosphäre vorherrscht – die Souvenirauswahl ist riesig! *Mo–Sa 10.30–13.30 und 16–20, So 16–20 Uhr, Gran Vía de Colón*

MUSEEN

Casa Museo de Federico García Lorca

Erinnerungen an den großen granadinischen Dichter und Dramatiker (1898–1936) im einstigen Sommerhaus der Familie, der Huerta de San Vicente. *Sept.–Juni Di–So 10–13 und 16–19 (April–Juni und Sept. 17–20) Uhr, Juli/Aug. Di–So 10–15 Uhr*

Parque de las Ciencias

»Park der Wissenschaften« mit unterschiedlichen Bereichen, interaktive Konzeption. *Di–Sa 10–19, So 10 bis 15 Uhr, Avenida del Mediterráneo*

ESSEN & TRINKEN

Bodegas Castañeda   *Insider Tipp*

Typisch granadinische Großkneipe mit von der Decke baumelnden Schinken und ständigem Kommen und Gehen. Tapas und reiche Weinauswahl bis zum Abwinken, für mindestens zwei Leute bietet sich eine gemischte Pasteten- und Käseplatte *(surtido de quesos y patés)* an. *Almireceros 1–3, Tel. 958 21 54 64,* €

Mirador de Morayma

Traumhafte Lage im Oberbereich des Albaicín, von der Terrasse Freiblick auf die Alhambra. Regionale Küche, Reservierung empfohlen. *Pianista García Carrillo 2, Tel. 958 22 82 90,* €€€

Ruta del Veleta

Etwas außerhalb gelegen, doch jeden Umweg wert: Dieses Feinschmeckerrestaurant tischt diverse Menüs auf, schon die rustikale Dekoration ist äußerst geschmackvoll. *Carretera de Sierra Nevada 136, Cenes de la Vega, Tel. 958 48 61 34,* €€€

ÜBERNACHTEN

Juan Miguel

Ordentliches Dreisternehaus in zentraler Lage, Kathedrale und Flusspromenaden liegen fünf bis zehn Gehminuten entfernt. Mit Restaurant. *66 Zi., Acera del Darro 24, Tel. 958 52 11 11, Fax 958 25 89 16, www.hoteljuanmiguel.com, €€*

AM ABEND

Ausgehen in Granada macht besonderen Spaß, da es Tapas umsonst zu Wein und Bier dazugibt. Beliebte Café- und Barzonen finden Sie um die *Plaza Nueva* und in den umliegenden Gassen wie der *Calle Almireceros,* alternativ angehauchte Teestuben in den Unterbereichen des Albaicín, Flamencoshows in *tablaos* auf dem Hausberg Sacromonte. Ausgiebigeres Nightlife steigt im Einzugsbereich um die *Calle Pedro Antonio de Alarcón.*

AUSKUNFT

Santa Ana 4, Tel. 958 22 59 90, Fax 958 22 39 27, www.turismodegranada.org

ZIELE IN DER UMGEBUNG

Alpujarras   [170 B6]

Gebirgslandschaft zwischen Sierra Nevada und Mittelmeer im weiten Südosten von Granada, guter Straßeneinstieg bei Lanjarón. Zu den Höhepunkten zählen die Dörfer *Pampaneira* und *Capileira* sowie der Schinkenort *Trevélez.*

Fuente Vaqueros   [170 B5]

15 km westlich gelegener Ort mit der *Casa-Museo de Federico García Lorca (Okt.–März Di–So 10–13 und 16–18, April–Juni und Sept. nachmittags 17–19, Juli/Aug. 10–14 Uhr),* dem als Museum aufgezogenen Geburtshaus des Dichters.

Jaén   [170 B4]

Die touristisch unverfälschte Provinzhauptstadt (115 000 Ew.) rund 100 km nördlich von Granada nennt sich gerne *paraíso interior,* »Binnenlandparadies«. Jaén wird vom Burgberg mit seinem imposanten mittelalterlichen *Castillo de Santa Catalina (Do–Di 10–14 Uhr)* überragt; der Fernblick vom 🔅 Festungsplateau schweift über Millionen von Olivenbäumen im Umland. Im Zentrum beherrscht die doppeltürmige *Kathedrale* das Bild. Besonders geschäftig geht es um die Calle de San Clemente und den Paseo de la Estación zu. Auskunft: *Calle Maestra 18, Tel. 953 21 91 16, Fax 953 23 60 32, www.promojaen.es*

Sierra Nevada   [170 B5–6]

Südöstlich von Granada bäumt sich der Gebirgszug der Sierra Nevada mit dem *Mulhacén* bis zu 3481 m hoch auf. Im Winter finden Skifans hier Dutzende Pisten unterschiedlicher Schwierigkeitsgrade. Die große Skistation liegt auf 2100 m, Saison ist von Dezember bis März/April. Es gibt zahlreiche Unterkünfte und Restaurants, mehrere Skischulen und Verleih von Ausrüstung. Informationen unter *www.sierranevadaski.com.*

An der Straße hinauf in die Sierra Nevada liegt das *Hotel Santa Cruz (Carretera Sierra Nevada, km 22, Tel. 958 48 48 00, Fax 958 48 48 96, www.eh.etursa.es, €–€€),* ein Dreisternehotel mit 66 Zimmern und 25 Bungalows.

MÁLAGA

[170 A6] Vitale Hafen- und Provinzhauptstadt (550 000 Ew.) mit großem internationalem Flughafen und unansehnlichen Hochhauszonen – doch davon sollte sich im antiken Malaca niemand schrecken lassen. Zu Füßen des Burghügels Gibralfaro pulsiert die vielgesichtige Altstadt, wo die Fußgängerzone mit ihren Boutiquen und Schuhgeschäften als Shoppingpflaster anzieht. Mit dem Picasso-Museum hat sich Málaga, die Geburtsstadt des großen Malers des 20. Jhs., in die erste Reihe spanischer Kunstadressen katapultiert.

SEHENSWERTES

Alcazaba
Im 10./11. Jh. begonnene Burg der Mauren, an manchen Stellen ein wenig zu stark restauriert, aber allein wegen der Ausblicke lohnend. *Sommer Di–So 9.30–20, sonst 9.30–18 Uhr; Alcazabilla*

Castillo de Gibralfaro
Oberhalb der Alcazaba gelegene Bergfestung mit maurischen Wurzeln im 14. Jh., doch wurde die Gegend bereits in der Frühzeit als befestigter Ausguck benutzt. Schönes Panorama. *Tgl. 9.30–18 (im Sommer bis 20) Uhr, Monte de Gibralfaro*

Catedral
Wuchtiger Baukörper aus dem 16.–18. Jh.; die Arbeiten wurden jedoch vor Fertigstellung gestoppt. Gleichwohl betritt man hier eines der größten Gotteshäuser Andalusiens. *Mo–Sa 10–18.45 Uhr, Plaza de la Catedral*

MUSEUM

Museo Picasso
Im Palacio de Buenavista untergebrachtes Kunstmuseum, das mehr

Vom Hügel Gibralfaro aus liegt Ihnen ganz Málaga zu Füßen

Ein stark besuchtes Ziel an der östlichen Costa del Sol sind die Tropfsteinhöhlen Cuevas de Nerja

als 200 Werke des Meisters zeigt. Über die ständige Sammlung hinaus sind aber auch die wechselnden Ausstellungen interessant (Kombiticket). Das nette Museumscafé mit seiner kleinen Terrasse eignet sich ideal für eine Rast. *Di–Do und So 10–20, Fr/Sa 10–21 Uhr; San Agustín, www.museopicasso malaga.org*

Insider Tipp

ESSEN & TRINKEN

Casa Pedro
Ein unverwüstlicher Klassiker mit typischer regionaler Kost. *Paseo Marítimo El Palo, Quitapenas 121, Tel. 952 29 00 13, €€€*

Tapas
Gute Häppchenzonen um die *Plaza de la Merced* und die *Plaza de la Constitución* herum im Herzen der Altstadt.

ÜBERNACHTEN

Don Paco
Sauber, gepflegt und zweckmäßig, drei Sterne. Auf der Homepage sind gelegentlich Sondertarife abrufbar. *31 Zi., Salitre 53, Tel. 952 31 90 08, Fax 952 31 90 62, www.hotel-don paco.com, € – €€*

Parador de Gibralfaro
☆ Viersternehotel in traumhafter Lage über der Stadt. Mit Spitzenrestaurant. Rechtzeitig reservieren! *38 Zi., Tel. 952 22 19 02, Fax 952 22 19 04, www.parador.es, €€€*

AM ABEND

Kneipen und Diskos in den Vierteln *El Palo* und *Pedregalejo* sowie im Bereich der *Avenida Cánovas del Castillo* und des *Paseo Marítimo Ciudad de Melilla.*

AUSKUNFT

Plaza de la Marina 11, Tel. 952 12 20 20, Fax 952 12 20 23, www.malagaturismo.com

ZIELE IN DER UMGEBUNG

Marbella   [169 F5]
Ein städtischer Star (116 000 Ew.) an der Costa del Sol, die wegen der Vielzahl der hier entstandenen Golfplätze scherzhaft auch Costa del Golf genannt wird. Marbella ist ein Tummelplatz des internationa-

len Jetsets, dem vor allem der weiter westlich gelegene Yachthafen *Puerto Banús* gerecht wird. Doch es gibt durchaus auch bodenständige Zonen. In der Altstadt verdient die nett mit Orangenbäumchen bestandene *Plaza de los Naranjos* einen Besuch, Strände und Meerespromenaden sind sehr ansehnlich. Marbella liegt 55 km südwestlich von Málaga.

Nerja   [170 A–B6]
Gut 50 km östlich von Málaga lockt das Städtchen Nerja (17 000 Ew.) mit kleinen Stränden und ⚜ Aussichtspromenade. Etwas außerhalb liegen die berühmten Tropfsteinhöhlen *Cuevas de Nerja,* die mitunter überlaufen sein können. Ein kurzer Abstecher ins Hinterland führt ins stimmungsvolle weiße Dorf *Frigiliana.*

Ronda   [169 E5]
Eines der reizvollsten – und berühmtesten – Städtchen (35 000 Ew.) in Andalusien, in dem die traditionsreiche Innenstadt durch die spektakuläre schmale Schlucht des Río Guadalevín zweigeteilt ist. Gleich neben dem Parador wird der klaffende Schlund von der Neuen Brücke *(Puente Nuevo)* überspannt. Die Parkanlage *Alameda del Tajo* bietet schöne Fernblicke auf die Berge. Als gewaltigstes Monument sticht die *Plaza de Toros* hervor, Rondas 1785 eröffnete Stierkampfarena; der doppelgeschössige Galeriebau kann täglich besucht werden. Im angeschlossenen *Museum* dreht sich alles um den Stierkampf, als dessen Wiege die *aficionados* Ronda verehren.

Cafés und Restaurants finden sich in reicher Zahl um die *Plaza de España* und die angrenzende *Calle José Aparicio.* In dieser Gasse bietet das *Hotel Don Javier (16 Zi., José Aparicio 6, Tel. 952 87 20 20, Fax 952 87 95 12, www.hoteldonjavier. com, €–€€)* eine anständige Unterkunft; im angeschlossenen *Restaurant* (€–€€) empfiehlt sich mittags das Tagesmenü.

SEVILLA

📷 Karte in der hinteren Umschlagklappe

[169 D4] ★ Andalusiens heiße Hauptstadt (750 000 Ew.) lässt niemanden kalt. Lassen Sie sich von der überschäumenden Lebensfreude der *sevillanos* anstecken, schlendern Sie an den Flussufern des Guadalquivir entlang, atmen Sie auf den Plätzen die Stimmung und den Duft der Orangenbäume ein. Entdecken Sie Spaniens größte Kathedrale und das für viele landesweit schönste Stadtviertel: das *Barrio de Santa Cruz.*

SEHENSWERTES

Das Fremdenverkehrsamt weist ausdrücklich auf die saisonabhängig stark schwankenden Öffnungszeiten der Monumente und Museen hin, die erst kurz zuvor bekannt gegeben werden; informieren Sie sich deshalb kurzfristig bei den *Oficinas de Turismo.*

Catedral
Schier erschlagender Kirchengigantismus, im 15./16. Jh. an der Stelle der vormaligen Hauptmoschee in die Höhe gezogen. Ins christliche Bauwerk wurde der Orangenhof integriert, das Minarett in einen Glo-

Mit 130 x 76 m Grundfläche ist Sevillas Kathedrale die größte Kirche Spaniens

ckenturm verwandelt und aufgestockt. Den knapp 100 m hohen Turm, *La Giralda,* können Sie über innen verlaufende Rampen besteigen. Nahe Chor und Hauptkapelle ist das vermeintliche Grab des Entdeckers Christoph Kolumbus zu sehen. Ob es tatsächlich die Gebeine des Entdeckers birgt oder ob diese in Santo Domingo in der Dominikanischen Republik ruhen, darüber soll eine DNA-Analyse Aufschluss geben. *Mo–Sa 11–17, So 14–18 Uhr, Alemanes*

Isla Mágica

Auf dem ehemaligen Expogelände, der Insel La Cartuja, wartet heute der Freizeit- und Vergnügungspark Isla Mágica mit Shows und Fahrgeschäften auf Besucher. Es gibt verschiedene Themenbereiche wie »Amazonien« oder »Eldorado«. Etwas preisgünstiger sind die Nachmittagstickets *(tarde).* April–Anfang November, wechselnde Zeiten, im Sommer *tgl. 11–23, sonst bis 21 Uhr, www.islamagica.es*

Parque de María Luisa

Sevillas grüne Lunge, unter Joggern und Spaziergängern gleichermaßen populär. An den Park schließt sich die *Plaza de España* mit ihren schönen Arkadenumläufen und Kacheleinlegarbeiten an. Pferdekutschen warten auf Kundschaft.

Plaza de Toros La Maestranza

Stierkampfanhänger verehren diese Arena wie ein Heiligtum, hier treten die Spitzenstars unter den Toreros auf. *Sept.–Juli tgl. 9.30–19, an Stierkampftagen 9.30–15 Uhr, Paseo de Cristóbal Colón 22*

Reales Alcázares

Im 14. Jh. auf Initiative von Peter dem Grausamen erbautes Königspalais mit prunkvollen Sälen im Mudejarstil. Eine Besichtigung führt auch in die ausgedehnten Gartenanlagen. *Di–Sa 9.30–17, So 9.30 bis 13.30 Uhr, Plaza del Triunfo*

Torre del Oro

Der jüngst restaurierte »Goldturm« *(Di–Fr 10–14, Sa/So 11–14 Uhr)* am Guadalquivir datiert aus dem 13. Jh. Er ist das Wahrzeichen der Stadt. In der Nähe starten Bootstouren über den Fluss.

MUSEEN

Centro Andaluz de Arte Contemporáneo

Andalusisches Zentrum für zeitgenössische Kunst, das mit dem alten Kartäuserkloster einen besonderen Rahmen gefunden hat. Auch die Lage auf der Insel La Cartuja ist interessant – hier fand 1992 die Weltausstellung statt. *Di–Fr 10–19.30, Sa 11–20, So 10–14.30 Uhr*

Museo de Bellas Artes

Museum der schönen Künste, u. a. mit Werken von Zurbarán und Murillo. *Di 14.30–20.15, Mi–Sa 9 bis 20.15, So 9–14.15 Uhr, Plaza del Museo 9*

ESSEN & TRINKEN

Doña Lina

Mitten im Barrio de Santa Cruz gelegen, kacheldekoriertes Interieur, gleichermaßen für Fisch- und Fleischfans geeignet. *Gloria 7, Tel. 954 21 09 56, €€*

Egaña Oriza

Eine der ersten Speiseadressen Sevillas, Reservierung dringend anzuraten. Im lichten Hauptsalon lässt man sich vor allem Fischgerichte munden. *San Fernando 41, Tel. 954 22 72 11, €€€*

ÜBERNACHTEN

Don Paco

Dreisternehaus in recht ruhiger Lage, die Zimmer sind jedoch nicht übermäßig groß. Mit Restaurant und kleinem Swimmingpool auf dem Dach. *220 Zi., Plaza Jerónimo de Córdoba 4, Tel. 954 50 69 99, Fax 954 22 28 24, www.hoteldon paco.com, €€ – €€€*

Hostería del Laurel

Am Puls des Lebens mitten im Viertel Santa Cruz und somit geeignet für all jene, die ohnehin zu später Stunde ins Bett gehen – dann ist es ruhiger vor der Tür und im angeschlossenen Restaurant. Alle Zimmer mit Bad. *21 Zi., Plaza de los Venerables 5, Tel. 954 22 02 95, Fax 954 21 04 50, www.hosteriadellau rel.com, € – €€*

AM ABEND

Beste Stimmung lässt sich in den Tapabars in der *Calle Alemanes* und im quirligen Plätze- und Gassengewirr des *Barrio de Santa Cruz* tanken. Hier gehen auch die Spanier gerne aus; noch weniger Auswärtige treffen Sie in den Vierteln *Triana* und *Macarena*.

Flamencofans aufgepasst: Abendliche Klasseshows gehen auf der kleinen Bühne des *tablao Los Gallos* (Plaza de Santa Cruz 11, Tel. 954 21 69 81) ab – rechtzeitig kommen, die Plätze sind nicht nummeriert!

Inside Tipp

AUSKUNFT

Avenida de la Constitución 21 B, Tel. 954 22 14 04, Fax 954 22 97 53, www.andalucia.org

Wo Spanien noch authentisch ist

Die Touren sind in der Karte auf dem hinteren Umschlag und im Reiseatlas ab Seite 164 grün markiert

1 **NAVARRA, BASKEN-
LAND UND LA RIOJA
FÜR GENIESSER**

**Eine Tour für alle Sinne
und Geschmäcker: grüne
Berge und abgeschiede-
ne Dörfer, geschichts-
trächtige Städte mit Kirchen und
Shoppingpflastern, Wein und kulinarische Genüsse auf der ganzen
Linie. Von den landschaftlich reiz-
vollen Pyrenäen Navarras geht es
ins Baskenland hinein und an die
Quellen des Weins in der weltbe-
kannten Anbauregion La Rioja. Für
die knapp 300 km lange Tour sollten Sie sich vier bis fünf Tage Zeit
nehmen.**

Startpunkt der Tour ist der le-
gendenumwobene »Hexenort« *Zu-
garramurdi,* der wenige Kilometer
hinter der französischen Grenze bei
Dancharinea (ausgeschilderter Abzweig ab der N 121-B) ins Berggrün
gebettet liegt. 1610 ging hier ein In-
quisitor dem Leben von verdächti-
gen Frauen nach, denen man Hexe-
rei zur Last legte – und hatte »Er-
folg«! Eine ganze Reihe von »He-

*Eine Genießertour führt ins
Herz der Weinregion La Rioja*

xen« wurde verurteilt und ver-
brannt. In der bäuerlich geprägten
Gegend hat sich Gras über eines
der schwärzesten Kapitel in der Geschichte Navarras gelegt, doch
noch heute sind die Hexenge-
schichten in aller Munde. Vor allem, weil die *Cueva de Zugarramur-
di,* die am Dorfrand gelegene »He-
xenhöhle«, an die mysteriösen
nächtlichen Zusammenkünfte der
brujas erinnert. Ein kleiner Pfad
führt an die Höhle heran, für die
das Wort Tunnel treffender wäre.
An den Enden des 120 m langen
und über 10 m hohen Schlunds flutet gedämpftes Licht hinein, im Innern führt der Weg am glucksenden
Höllenbach entlang. In und um Zu-
garramurdi herum liegen schöne
Landhäuser wie die *Casa Martienea
(Tel. 948 59 90 79, €)* und die *Casa Iriartea (Tel. 948 59 90 83, €),*
in denen man sich wochen- oder wo-
chenendweise einquartieren kann.

Der N 121-B Richtung Pamplona folgend, geht es über den Pass
von Otxondo ins beschauliche Tal
des Río Baztán, in dem sich sattgrüne Wiesen und Weiden ausbreiten.
Zentrum des Tals ist die Kleinstadt
Elizondo, in der sich prachtvolle
Herrenhäuser aufreihen. Wer we-

**Inside
Tipp**

der auf den Preis noch auf sein Körpergewicht zu achten braucht, wird den hausgemachten Trüffeln in Süßwarenläden nicht widerstehen können. Die überzähligen Kalorien können Sie auf den Wanderwegen im nahen *Naturpark Señorío de Bértiz* wieder abarbeiten. Rustikale Unterkunft in Elizondo bietet das *Hostal Trinquete Antxitonea (25 Zi., Braulio Iriarte 16, Tel. 948 58 18 07, Fax 948 58 18 53, www.antxitonea. com, €–€€)*, ein Landhaus aus dem 19. Jh. an den Ufern des Baztán.

Tags darauf erreichen Sie *Pamplona (S. 60)*, wo sich in der Altstadt alles auf engem Raum bündelt: Boutiquen, Bars und Vorzeigebauten wie Kathedrale und Rathaus. Im Bereich um die Calle San Nicolás können Sie stilvoll einkehren oder zum Sturm auf Kneipen und Tapas blasen.

Eine kombinierte Autobahn- und Schnellstraßenroute trägt Sie von der Hauptstadt Navarras an herrlichen Bergflanken vorbei in die Hauptstadt des Baskenlands: *Gasteiz* (spanisch Vitoria, 223 000 Ew.). Hierhin verirren sich nicht allzu viele auswärtige Besucher, manche lassen sich von den Hochhauskränzen der Neustadt abschrecken. Halten Sie bis ins historische Viertel durch, es lohnt sich! Dort bietet Vitoria ein buntes Wechselspiel aus urgemütlichen Einkaufsgassen und breiten Flanierpromenaden. Ins Bild gehören moderne Skulpturen, altes Kopfsteinpflaster und Bürgerhäuser mit ihren typischen *miradores*, einer Mischung aus Balkon und Wintergarten. Besonders schöne Glasbalkone umziehen die *Plaza de la Virgen Blanca*, den Dreh- und Angelpunkt in der City. In der Mitte des weit ausgreifenden Platzes er-

hebt sich ein Monument im Gedenken an den Sieg über die Franzosen in der Schlacht von 1813, eine Etage höher macht die Fassade der gotischen *Iglesia de San Miguel* einen imposanten Eindruck. An der Kirche blickt man zum glasgeschützten Bildnis der Schutzpatronin Virgen Blanca auf, in deren Zeichen das große Stadtfest Anfang August steht.

Von der Plaza de la Virgen Blanca geht die ausgedehnte Fußgängerzone zum Arkadengeviert der Plaza de España und Plaza de los Fueros ab, auf der Gegenseite geht es hinein in lang gestreckte Altstadtgässchen wie Calle Zapateria und Calle Correría. Noch geschäftiger geht es in der Calle Siervas de Jesús zu, an der das wuchtige Turmhaus *Doña Ochanda* (15. Jh.) liegt. Ein kurzer Aufstieg durchs Altstadtviertel Casco Viejo führt zur Kathedrale *Santa María*, einem gotischen Bau, der im 17. Jh. durch einen 60 m hohen Turm ergänzt wurde. Aus Vitorias blühender Museumslandschaft *(alle Di–Fr 11–14 und 16–18.30, Sa 10–14, So 11–14 Uhr)* stechen das *Archäologische Museum (Correría 116)*, das im Palacio Agusti untergebrachte *Museum der schönen Künste (Paseo de Fray Francisco 8)* mit Werken von Miró, Tàpies und Picasso und vor allem das kuriose *Spielkartenmuseum (Museo Fournier de Naipes, Cuchillería 54)* hervor. Kunstfreunde zieht es ins Museum für zeitgenössische Kunst *Artium (So und Di–Do 11–20, Fr/Sa 11–20.30 Uhr, Francia 24, www.artium.org)*.

Nach so viel Kultur lädt der große *Parque de la Florida* zum Bummel ein; an die Grünanlage stoßen die Neue Kathedrale und das baskische Parlament. Die Touristeninfor-

Unterwegs im historischen Gassengeflecht von Pamplona

mation finden Sie an der *Plaza General Loma (Tel. 945 16 15 98, www.vitoria-gasteiz.org)*. Als Unterkunft empfiehlt sich das zentral gelegene und recht günstige *Hotel Dato (14 Zi., Dato 28, Tel. 945 14 72 30, Fax 945 23 23 20, www.hoteldato. com, €)*. Ein erlesener Speisetempel ist das preisgekrönte *Restaurante El Portalón (Correría 151, Tel. 945 14 27 55, www.restauranteel portalon.com, €€€)* in einem Holzhaus aus dem 15. Jh. in der Altstadt.

Ab Vitoria nehmen Sie die schnelle Autobahnstrecke (zunächst A 1, dann A 68) nach *Haro* (10 000 Ew.) und gelangen so mitten in die Hochburg der weltberühmten Riojaweine. Rund um Haro ziehen sich Weingärten über die Hügel des Ebrobeckens, reifen die edlen Tropfen in zahlreichen Bodegas heran. Geführte Weinkellertouren bieten gewöhnlich die im Barrio de la Estación gelegenen *Bodegas Rioja Santiago (Tel. 941 31 02 00, www. bodegasriojasantiago.com)* sowie die *Bodega Ramón Bilbao (Avenida Santo Domingo 34, Tel. 941 31 02 95,*

www.bodegasramonbilbao.es) an. Auskunft im Touristenbüro an der *Plaza Monseñor Florentino Rodríguez (Tel. 941 30 33 66, www.ha ro.org/turismo)*. Auch ohne Bodegabesuch brauchen Sie den Freuden des Weins in Haro nicht zu entsagen: Ab der Plaza de la Paz taucht man ins ==Altstadtviertel== *La Herradura* ein, wo sich die Kneipen in einigen wenigen Gassen bündeln. Das Preisniveau ist erfreulich niedrig, die Qualität exzellent. An der *Avenida Bretón de los Herreros* liegt das *Weinmuseum (Museo del Vino, Mo–Sa 10–14 und 16–20, So 10 bis 14 Uhr)*. Wenige Kilometer von Haro entfernt findet man in *Briñas* eine ausgesprochen stilvolle Unterkunft in einem Palais aus dem 18. Jh.: die ==Hospedería Señorío de Briñas== *(14 Zi., Travesía de la Calle Real 3, Tel. 941 30 42 24, Fax 941 30 43 45, www.hotelesconen canto.org, €€)*.

Östlich von Haro setzen Sie die Wein- und Genießertour bis nach *Laguardia* fort, einem schwer befestigten Örtchen, das weithin sicht-

Insider Tipp

bar auf einem Hügel thront. Im mittelalterlichen Mauermantel stecken die romanisch-gotische Kirche *Santa María de los Reyes* und die von Arkaden beherrschte *Plaza Mayor.* Über die Grenzen der Region hinaus hat sich die Küche der rustikalen *Posada Mayor de Migueloa (Mayor 20, Tel. 945 62 11 75, €€€)* einen Namen gemacht. Auskunft: *Plaza de San Juan, Tel./Fax 945 60 08 45, www.laguardia-alava.com.* In einigen Geschäften kann man gut Wein kaufen; im Ort wird der edle Rebensaft unterirdisch in riesigen Lagern aufbewahrt.

Ab Laguardia sind es dann noch knapp 20 km in die riojanische Hauptstadt *Logroño (S. 59),* in der Sie sich vor allem in der Calle del Laurel erneut den Ausgehfreuden hingeben können.

2 ERLEBNISTOUR DURCHS HINTERLAND KATALONIENS

 Kultur und Natur im Hinterland von Barcelona und der Costa Brava: hinauf zum Kloster von Montserrat, heran an die Pyrenäen, hinein in den Vulkanpark La Garrotxa und an den See von Banyoles. Für die knapp 450 km sollten Sie vier bis fünf Tage einkalkulieren, wenn Sie ausreichend Zeit für Zwischenstopps und Abstecher haben möchten.

Sie verlassen *Barcelona (S. 78)* auf der N II Richtung Lleida und werden bereits bei Martorell gewahr, wie die Märchenlandschaft Muntanya de Montserrat aus der Ebene aufsteigt: ein Gebirge wie aus einer Fantasystory, durchsetzt von spitzen Türmen und gigantischen Flanken. Am besten, Sie dringen ab Monistrol de Montserrat 10 km in die Bergwelt vor und winden sich in langen Kehren auf eine Höhe von über 700 m hinauf.

In windiger Frische und im Schatten eines gewaltigen Zwischenmassivs liegt das Allerheiligste Kataloniens: das *Kloster von Montserrat,* das seit knapp 1000 Jahren bezeugt ist und dem heute eine stattliche Gemeinschaft aus 80 Benediktinermönchen angehört. Erwarten Sie keine weltferne Einsamkeit, denn Montserrat ist einer der wichtigsten Wallfahrtsstätten Spaniens mit entsprechenden Megaparkplätzen (gebührenpflichtig). In der Klosterkirche verehren die Gläubigen das romanische Bildnis der Schwarzen Madonna, stehen sich gelegentlich die Beine in den Bauch und investieren ihre Euro in reichlich Kerzenopfer. Zum Klosterplateau gehören nicht nur Restaurants und Andenkenläden, sondern auch ein äußerst lohnendes Museum: Das *Museu de Montserrat* vermittelt Einblicke in verschiedene Kunstepochen und Länder und nennt Werke von El Greco, Picasso und Dalí sein Eigen.

Nach dem Kloster- und Museumsabstecher führt Sie der Weg nach Monistrol de Montserrat zurück und weiter gen Norden über Manresa nach *Cardona,* das von einem imposanten Burghügel beherrscht wird. Auf der obersten Spitze bietet der ❀ *Parador (Tel. 938 69 12 75, Fax 938 69 16 36, cardona@parador.es, €€)* Traumblicke über grüne Hügel, den Genuss der regionalen Küche im Spezialitätenrestaurant und angenehme Unterkunft in einem der 54 Zimmer. Zum Kastell gehört die Kirche Sant Vicenç, ein Prachtbeispiel

Kloster Montserrat: abgelegen in den Bergen, aber alles andere als einsam

katalanischer Romanik. Am Ortsrand Cardonas liegt das Salzbergwerk *Muntanya de la Sal (Besuche anmelden, Tel. 938 69 24 75)*.

Setzen Sie die Fahrt über Solsona und durch das Segretal nach *La Seu d'Urgell (S. 71)* fort, wo Ihnen bereits die herrlichste Pyrenäenluft um die Nase weht. Hier sind Sie umgeben von Gebirgsriesen, können Altstadtstimmung schnuppern oder sich im nahen *Andorra (S. 72)* in den Kaufrausch stürzen.

Östlich von La Seu d'Urgell folgen Sie der N 260 nach *Puigcerdà*, einem ansehnlichen Städtchen mit schönem Park und Fußgängerzone. Im kurvigen ⚜ Auf und Ab über den 1800-m-Pass *Collada de Toses* werden Sie mit phantastischen Bergblicken belohnt. *Ribes de Freser* dient als Ausgangspunkt zu einer Zahnradbahntour zum *Heiligtum von Núria*, doch auch ohne diesen Ganztagesabstecher stehen die

nächsten Stopps im Zeichen des Kreuzes: die einstige *Benediktinerabtei Santa Maria* in *Ripoll* mit eindrucksvollem Portal und Kreuzgang sowie die romanische *Klosterkirche* in *Sant Joan de les Abadesses*.

Quartier nimmt man am besten in *Olot*. In Olots *Vulkanmuseum (Museu dels Volcans, Sommer Mo bis Sa 10–14 und 17–19, So 10–14 Uhr; Winter Mo und Mi–Sa 10–14 und 16–18, So 10–14 Uhr; Avinguda de Santa Coloma)* können Sie sich auf den umliegenden 120-km^2- ==*Naturpark La Garrotxa*== einstimmen. **Insider Tipp** Das Gebiet ist von 40 erloschenen Vulkanen durchsetzt; gute Wandermöglichkeiten von Olot und Santa Pau zum *Volcà Croscat* und in den grünen Krater des *Volcà de Santa Margarida*.

Schöne Abschlusstupfer der Tour setzen das urige Steinörtchen *Besalú* und der *Estany de Banyoles*, Kataloniens größter Natursee.

Flamenco, Greens und Galoppaden

Mit wehenden Mähnen am Strand entlang, ein Abschlag bis zum Ozean, zu Fuß, auf Rädern oder Brettern ins Gebirge

So vielfältig wie das Land selbst ist, so bunt präsentiert sich Spaniens Sportpaket: Die vielen großen und kleinen Gebirge locken neben den Wanderern auch die Mountainbiker und Skifahrer. Und Atlantik und Mittelmeer bieten alles, was Wassersportler suchen. Die Fluglinie Air Berlin *(www.airberlin.com)* befördert ausgewähltes Sportgepäck kostenlos.

FLAMENCO

Im tiefen Süden können Sie sich im Rahmen von Kurz- oder Langzeitkursen in die Kunst des Flamenco und der Sevillanas einweihen lassen. Eine gute Adresse: *Carmen de las Cuevas, Cuesta de los Chinos 15, 18010 Granada, Tel. 958 22 10 62, Fax 958 22 04 76, www.carmencuevas.com*

GOLF

Mit mehreren Dutzend Plätzen ist die andalusische Costa del Sol mittlerweile als »Costa del Golf« in aller Munde; im milden Klima des Sü-

Europas berühmtester Surfspot liegt an seinem äußersten Ende: Tarifa

dens lässt sich zwischen Herbst und Frühjahr herrlich golfen. Der *Parador de Málaga Golf (Tel. 952 38 12 55, Fax 952 38 89 63, malaga@parador.es)* hat sich auf eine internationale Klientel der Einlocher eingestellt – mit Golfschule, 27 Löchern, drei Putting Greens und zwei Approach Greens. Golffans quartieren sich ebenfalls gerne im exklusiven *Alhaurín Golf Hotel & Resort (Tel. 952 59 58 00, http://alhauringolfhotel.com)* in Alhaurín el Grande ein, wo sie Anfänger- oder Fortgeschrittenenkurse buchen können. Auch in anderen Gegenden Spaniens findet man vorzügliche Anlagen, selbst in der häufig im Abseits gelegenen Extremadura. Im Internet finden Sie sehr gute Infos auf der Website der Andalusischen Golfvereinigung *Federación Andaluza de Golf (www.fga.org)*.

KANU

Ein echtes Erlebnis, auch für Anfänger, ist eine Kanutour auf dem Río Sella in Asturien – vorausgesetzt, er führt genügend Wasser! In *Arriondas* und *Cangas de Onís* gibt es diverse Anbieter von organisierten

Insider Tipp

145

Trips, u. a. die *Escuela Asturiana de Piragüismo (Finca Fundición de Coviella, El Portazgo, Arriondas, Tel. 985 84 12 82, Fax 985 84 71 55, www.piraguismo.com)*. Die Ausrüstung wird gestellt, die Teilnehmer werden zumeist mit Kleinbussen zum Ausgangspunkt zurückgebracht. Die beliebteste Strecke führt über 16 km von Arriondas bis zur Brücke San Román.

RADFAHREN & MOUNTAINBIKING

Leider zählt Spanien zu den radfahrerfeindlichen Ländern, Rücksichtnahme seitens motorisierter Verkehrsteilnehmer ist oft ein Fremdwort. Außerhalb geschlossener Ortschaften herrscht Helmpflicht. Als Radelgebiete sind außerhalb der sommerlichen Hochsaison die galicischen Fjordlandschaften zu empfehlen, um die sich zuweilen kleine Nebenstraßen legen. Im Binnenland kann man auf dem Jakobsweg von der spanisch-französischen Grenze rund 760 km nach Santiago strampeln, auch mit dem Mountainbike. Hier sind jüngst viele Erdtrassen, die sich nur für Wanderer oder Mountainbiker geeignet hatten, im Sinne von Freizeitradlern verbreitert worden. Ansonsten sind die Pyrenäen sehr gut für Mountainbiking geeignet. Vielerorts in Spanien werden neuerdings unter dem Begriff *Vías Verdes* (»Grüne Wege«) Trassen stillgelegter Bahnlinien in Achsen für Radler und auch Wanderer verwandelt. Zu den bereits bestehenden Strecken zählen die *Vía Verde del Tarazonica* zwischen dem navarresischen Tudela und Tarazona (Aragón) sowie die *Vía Verde de la Terra Alta* von

Puebla de Híjar nach Tortosa in der katalanischen Provinz Tarragona.

REITEN

Reiten auf der Ranch, mit fliegenden Hufen durch Ölbaumhaine, im gemütlichen Trab an Kampfstierweiden entlang – Andalusien ist eine wahre Hochburg für Sattelfeste. Empfehlenswerte Fincaferien für Reiter u. a. in Andalusien auf der *Rancho Los Lobos in Jimena de la Frontera (Tel. 956 64 04 29, Fax 956 64 11 80, www.rancholoslobos.com)* und auf der *Finca Los Cerrillares (Carretera Las Navas km 17, La Puebla de los Infantes, Tel. 955 95 61 30, Fax 955 95 61 82, www.cerrillares.com)*. Auf der Rancho Los Lobos kümmern sich Wolf und Esther Zissler rührig um die Gäste. Es gibt Anfängerunterricht auf der eigenen Reitbahn, Ausritte in den Naturpark Los Alcornocales und auf Wunsch Mondscheinritte. Ein deutscher Anbieter von organisierten Reiterreisen mit Schwerpunkt Andalusien ist *Pferd & Reiter (Rader Weg 30 a, 22889 Tangstedt, Tel. 040/607 66 90, Fax 60 76 69 31, www.reitferien.de)*.

SEGELN

Spaniens Küsten sind von zahlreichen Sporthäfen und Hunderten Segelclubs gesäumt, vor allem am Mittelmeer. Information: *Real Federación Española de Vela, Tel. 915 19 50 08, Fax 914 16 45 04, www.rfev.es*

TAUCHEN

Bestens geeignet für den Unterwassereinstieg sind die katalani-

Ob mit oder ohne Jakobsstab: Nur Wanderer entdecken Spaniens ganze Vielfalt

schen Illes Medes, ein kleiner Archipel rund eine Seemeile vor der Küste bei L'Estartit. Im Ferienstädtchen L'Estartit zeigen sich Anbieter von Tauchkursen und Schnorcheltrips gut für die Nachfrage gerüstet. Tauchexkursionen im andalusischen Naturpark Cabo de Gata mit *Centro Buceo Alpha (Puerto Deportivo San José, Tel. 950 38 03 21, www.alphabuceo.com).* Am besten, man taucht sich im Internet unter *www.fedas.es* zu den regionalen Kontaktstellen vor.

WANDERN

Wanderer finden auf dem Jakobsweg, den Fernwanderwegen *Senderos de Gran Recorrido* und in einer Reihe von Nationalparks ideale Terrains. In Schutzgebieten wie dem katalanischen Parc Natural de la Zona Volcànica de la Garrotxa und dem aragonesischen Parque Nacional de Ordesa y Monte Perdido sind die Wege gut ausgewiesen,

andernorts hinkt man bei der Kennzeichnung noch ein wenig hinterher.

WINDSURFEN

Windsurfingfreaks kommen vor allem an den Atlantikküsten auf ihre Kosten, insbesondere im andalusischen Tarifa. Nordwestlich von Tarifa findet man mehrere Surfcenter an der Carretera de Cádiz.

WINTERSPORT

Die Alpin- bzw. Langlaufaktivitäten konzentrieren sich auf die Pyrenäen, die Kantabrische Kordillere, die Gipfel der Meseta und die andalusische Sierra Nevada. In den Pyrenäen ist auch der gut erreichbare Zwergstaat Andorra beliebt, wo insgesamt über 100 Lifte und Seilbahnen zur Verfügung stehen. Informationen über die Website der Wintersportvereinigung *Real Federación de Deportes de Invierno (www.rfe di.es).*

Dinos, Loopings, Ritterburgen

Vergnügungsparks und Kamikazerutschen, Tierparks und ein spannendes Bergbaumuseum: Abwechslung vom Strandleben

Trotz Tiefstand bei den Geburtenraten: Spanien ist nach wie vor ein extrem kinderfreundliches Land, in dem sich der Nachwuchs bis in die Nachtstunden hinein auf dörflichen und städtischen Plazas austobt. Mit unendlich viel Lärm, versteht sich – was niemanden stört. Überall laden Burgen und Schlösser zum Entdecken ein, tummelt man sich in den sommerlichen Aquaparks des Südens, sind Freizeitparks aus dem Boden geschossen. Ein Kindertraum sind die unzähligen feinsandigen Strände, und im Alltag freut man sich über eine rapide gestiegene Zahl an öffentlichen Spielplätzen.

ATLANTIKKÜSTE

Museo de la Minería y de la Industria San Vicente [165 D1]

Weit gefehlt, wer hier lediglich ein herkömmliches Bergbaumuseum mit historischem Gerät und Werkzeug erwartet! In den Tiefen dieses Museums ca. 35 km südöstlich von Oviedo in San Vicente/El Entrego können Sie sich durch einen unterirdischen Simulationsstollen führen

Junge mit Baskenmütze

lassen. Das Abenteuer beginnt mit der Abfahrt im Lift und bleibt stets unter Kontrolle des Führers, in dessen Begleitung man durch die bedrückende Enge geht und sich durch schmale Schneisen zwängt. *Di–Sa 10–14 und 16–19, So 10 bis 14 Uhr, Sommer Di–So 10–14 Uhr, 4 Euro, Kinder 2 Euro, unter 4 Jahre frei, www.mumi.es, Anfahrt über La Felguera*

Parque de la Naturaleza de Cabárceno [166 B1]

Inside Tipp

Ein Natur- und Wildpark in zerklüfteter Felsenkulisse 20 km südlich von Santander bei Obregón (Autovía A 8, Ausfahrt 8): Auf rund 7,5 km^2 hat man das einstige Minengebiet von Cabárceno in ein Reich von Löwen und Giraffen, von Tigern und Känguruhs verwandelt. Schon zu Römerzeiten wurden in der Gegend Eisenvorkommen ausgebeutet, heute leben hier mehr als 300 Tierarten aus allen Kontinenten, darunter auch die einst auf der Iberischen Halbinsel verbreiteten Wölfe und Braunbären. Kleine Streifzüge führen durch das Reptilienhaus und an den Ufern des Acebosees entlang. Zu wechselnden Zeiten finden Seelöwen- und Greifvogelshows statt. *Sommer tgl. 9.30 bis 19, Winter 9.30–18 Uhr; März bis Okt. 12 Euro, Kinder 8,50 Euro, Nov.–Feb. 9/6 Euro, bis 5 Jahre frei, www.parquedecabarceno.com*

Zoo Santillana del Mar [166 A1]
Für Familien eine schöne Abwechslung zu Kultur und Museen in Santillana del Mar. Das 60 000 m^2 große, außerhalb des Orts gelegene Zoogelände ist ausgeschildert. Der Rundgang führt u. a. ans Wolfgehege, zu Orang-Utans, Bisons und den kleinen Przewalski-Pferden. *Tgl. 9.30 Uhr–Sonnenuntergang, 10 Euro, Kinder 6 Euro, bis 3 Jahre frei, www.zoosantillanadelmar.com*

AM JAKOBSWEG

Castillo de los Templarios in Ponferrada [164 C2]
Mit ihrem zinnengekrönten Mauermantel bäumt sich die mittelalterliche Festung im Zentrum von Ponferrada hoch über dem Tal des Río Sil auf. Im Innern begibt man sich auf die Spuren der mysteriösen Tempelritter, die dem Kastell 1178 bis 1282 den letzten Schliff gaben. Kleine Burgentdecker haben helle Freude an Wendeltreppen und Turmaufstiegen und dem Streifzug über die alten Wehrgänge. *Öffnungszeiten stark wechselnd, Kernzeiten Di–Sa 10–14 und 16–19, So 10–14 Uhr, 2,50 Euro, Kinder und Jugendliche 12–18 Jahre 1 Euro, Kinder unter 12 Jahre frei*

ÖSTLICHE MITTELMEERKÜSTE

Port Aventura [172 C3]
Freizeit- und Erlebnispark mit Nervenkitzel und Dauerfun, geheimnisvollen Tempeln und Pyramiden ca. 10 km südwestlich von Tarragona Richtung Salou (Autobahn A 7, Ausfahrt 35). Man stößt in fünf verschiedene Welten vor: Far West, Polynesien, China, Mexiko und Mittelmeer. Atemraubende Fahrgeschäfte bieten Loopings und ein Tempo bis zu 90 km/h. Liveprogramme mit Musik und Tänzen, Magie- und Banditenshows. *Mitte März–Okt. tgl. 10–19/20/24 Uhr, Nov.–Anf. Januar überwiegend nur an den Wochenenden 10–19 Uhr, Kalender unter www.portaventura. es, je nach Saison 34 bzw. 36 Euro, Kinder 4–10 Jahre 27,50 bzw. 29 Euro, Kinder unter 4 Jahre frei*

ZENTRALSPANIEN

Dinópolis Teruel [167 D5–6] *Inside Tipp*
Auf in die Welt der Dinosaurier! Tyrannosaurus Rex lässt die Besucher im 12 000-m^2-Themenpark am östlichen Stadtrand von Teruel beim Palacio de Congresos erzittern. Die Zeitreise auf Schienen wird von Special Effects umrahmt, im Kino leben die gigantischen Urzeitviecher im 3-D-Format auf, in den Außenanlagen vergnügen sich die Jüngsten. *März/April und Sept. bis Anfang Jan. meist nur an den Wochenenden, Mai–Aug. tgl. 10–20 Uhr, Anfang Jan.–Feb. geschl., aktuelle Zeiten unter www.dinopolis. com oder Tel. 902 44 80 00, 18 Euro, Kinder 4–11 Jahre 14 Euro*

Parque de Atracciones Madrid [166 B5]
Die Vierersitzbank steigt und steigt und stoppt in luftigen 63 m Höhe – Zeit zum Durchatmen vor dem rauschenden Sturz ins Nichts: Dann gehts abwärts mit 80 km/h, abrup-

Im Land von Salvador Dalí und Antoni Gaudí weiß man auch mit so etwas Schlichtem wie Luftballons Verblüffendes anzustellen

ter Stopp, pures Adrenalin. Das Sekundenerlebnis auf der *lanzadera* zählt zu den Magneten im Freizeitpark des riesigen Madrider Grüngeländes Casa de Campo. Auf 20 ha sorgen mehr als 40 kleine und große Attraktionen für Fun auf der ganzen Linie. Besonders feucht geht es bei Touren durch die Stromschnellen und die Fjorde zu, während man vom  Riesenrad aus die Blicke ins Grün genießt. *Meist monatlich wechselnde Zugangszeiten, Mai/Juni je nach Wochentag 12–20/21/22/24 Uhr, Juli/Aug. 12–24 bzw. 2 Uhr, sonst oft nur an Wochenenden, Kalender unter www.parquedeatracciones.es, Ganztagestickets mit unbegrenzter Benutzung der Fahrgeschäfte 22,60 Euro, Kinder 3–6 Jahre 12,70 Euro*

SÜDSPANIEN

Aqualand Torremolinos [170 A6]

Klassisches Erlebnisbad in der Urlaubshochburg Torremolinos an der Costa del Sol mit rasanten und nassen Attraktionen für Junge und jung Gebliebene wie »Black Hole«, »Rapids« und »Boomerang«. *Ende Mai bis Mitte Sept. tgl. 10–18 (Juli/Aug. bis 19) Uhr, 18 Euro, Kinder 4–12 Jahre 12,80 Euro, Dreitagestickets 29,95/19,50 Euro, Cuba 10*

Tivoli World
Benalmádena [170 A6]

Entertainment für die ganze Familie und ein Klassiker unter den Freizeitparks mit seiner bunten Palette an Fahrgeschäften. Außerdem Westernshows, Folklore und Flamenco auf dem andalusischen Dorfplatz sowie Konzerte. *Juli-Anfang Sept. tgl. 18–2 Uhr, sonst Öffnungszeiten stark wechselnd und mitunter nur an den Wochenenden, aktueller Kalender unter www.tivolicostadelsol. com, 4,50 Euro, Kinder unter 1 m frei, Eintritt inkl. »Supertivolino«-Ticket für Fahrgeschäfte 14,50 Euro, Avenida Tivoli, Ortsteil Arroyo de la Miel*

Angesagt!

Was Sie wissen sollten über Trends, die Szene und Kuriositäten in Spanien

Ausgehen

Tapeo heißt das Zauberwort: eine Tapatour im Freundeskreis, wo man sich bei *vino* und *cerveza* zu den Häppchenspezialitäten der einzelnen Bars durchtankt. Ob in den Altstädten von Madrid, San Sebastián und Sevilla oder durch die legendäre Calle del Laurel in der Riojastadt Logroño: Verpönt ist es, einzeln zu zahlen oder eine Rechnung auf den Cent genau nach dem

individuellen Konsum aufzuschlüsseln. Das Geld wirft man vorab in einen Topf *(bote)* zusammen, oder es zahlt immer abwechselnd einer für alle.

Mode und Outfit

Die meisten Spanierinnen und Spanier lieben es weder besonders schrill noch extrem salopp. Man hält sich tendenziell eher etwas bedeckt und bewahrt einen gewissen Level an Grundeleganz:

keine ausgelatschten Turnschuhe, keine ausgeleierten Spaghettishirts und knappe Shorts nur am Strand. Bei den Schuhen ist Spanien voll von der Sneakerswelle erfasst worden. In den Frisiersalons geben Blond und Rot die künstlichen Farbtöne an.

Musik

Spanier rocken gerne ab, am besten mit Interpreten in der eigenen Sprache. Jüngster Shootingstar ist Sängerin Bebe, ein Energiebündel aus der Extremadura, die mittlerweile selbst in ganz Lateinamerika bekannt ist. Für Frauenpower steht die aus Zaragoza stammende Eva Amaral, kurz Amaral. Eine erfolgreiche Wiedergeburt hat das madrilenische Trio Mecano gefeiert, ansonsten sind die Popbands *La Oreja de van Gogh* (»Das Ohr von van Gogh«) und *Café Quijano* populär.

Outdooraktivitäten

Spanier haben echten Schwung bekommen, ob bei Kanutrips, Canyoning oder Mountainbiketouren. Auch Pilgern auf dem Jakobsweg liegt voll im Trend, gepaart mit einem zusätzlichen Anreiz: Die Ankunft in Galicien in der Pilgerstadt Santiago de Compostela wird mit einer Urkunde belohnt – und eine Kopie davon legt man in Spanien gerne Bewerbungsunterlagen bei.

Von Anreise bis Zoll

Hier finden Sie kurz gefasst die wichtigsten Adressen und Informationen für Ihre Spanienreise

ANREISE

Auto

Die beiden Hauptrouten führen über Paris–Bordeaux nach Nordspanien und Madrid sowie über Lyon–Nîmes ans Mittelmeer und weiter nach Südspanien. Die Autobahnen in Frankreich sind mautpflichtig, in Spanien gilt es zwischen gebührenfreien Schnellstraßen *(autovías)* und gebührenpflichtigen Autobahnen *(autopistas)* zu unterscheiden. Von mehreren deutschen Städten verkehren im Sommer Autozüge nach Narbonne in Südfrankreich – eine bequeme, aber nicht preiswerte Alternative.

Bahn

Die Bahnanreise nach Spanien erfolgt meist über den französischen Knotenpunkt Paris oder über Genf–Lyon. Innerhalb Spaniens garantiert der Superschnellzug Ave gute Verbindungen (von Madrid bis Sevilla weniger als drei Stunden), ansonsten muss man mit zuweilen langwierigen Umsteigeverbindungen rechnen.

Bus

Feste Fahrpläne halten die Europabusse *(www.deutsche-touring.com)* ein, die von vielen Städten Deutschlands, Österreichs und der Schweiz aus diverse spanische Ziele ansteuern. Allerdings ist die Anreise sehr zeitaufwändig.

Flugzeug

Seit dem Vormarsch der Billigflieger dürfen sich Spanienurlauber über günstige Preise und mehr Verbindungen freuen. Ein dichtes Streckennetz in Spanien bedient *Air Berlin (www.airberlin.com)*, österreichischer Kooperationspartner ist *Niki*. Weitere Billigfluglinien, die Spanien ansteuern, sind u. a. Ryanair, Easyjet und Germanwings.

AUSKUNFT

Spanische Fremdenverkehrsbüros
– *Prospektbestellung: Tel. 06123/ 991 34*
– *Kurfürstendamm 63, 10707 Berlin, Tel. 030/882 65 43, Fax 882 66 61*
– *Grafenberger Allee 100, 40237 Düsseldorf, Tel. 0211/680 39 80, Fax 680 39 85*
– *Myliusstraße 14, 60323 Frankfurt, Tel. 069/72 50 33, Fax 72 53 13*
– *PF 15 19 40, 80051 München, Tel. 089/530 74 60, Fax 532 86 80*
– *Walfischgasse 8, 1010 Wien, Tel. 01/512 95 80, Fax 512 95 81*
– *Seefeldstrasse 19, 8008 Zürich, Tel. 044/253 60 50, Fax 252 62 04*

AUTO

Höchstgeschwindigkeit 50, auf Landstraßen 90, teilweise 100 km/h, auf Schnellstraßen *(autovías)* und Autobahnen *(autopistas)* 120 km/h, die Promillegrenze liegt bei 0,5. Handyverbot am Steuer (empfindliche Strafen!). Vorgeschrieben ist das Mitführen von zwei Warndreiecken und einer reflektierenden Warnweste.

BANKEN & KREDITKARTEN

Öffnungszeiten der Banken: üblicherweise Mo–Fr von 9 bis 14 Uhr. Kreditkarten sind weit verbreitet, vor allem Visa. Geldautomaten sind überall in großer Zahl vorhanden.

CAMPING

Campingplätze sind vor allem in den Küstengegenden verbreitet, doch manche Anlagen im Hinterland (z. B. La Rioja, Navarra) sind noch echte Geheimtipps. Gute und übersichtliche Website: *www.info camping.com*

DIPLOMATISCHE VERTRETUNGEN

Deutsche Botschaft Madrid
Fortuny 8, Tel. 915 57 90 00, www. embajada-alemania.es

Österreichische Botschaft Madrid
Paseo de la Castellana 91, Tel. 915 56 53 15, www.aussenministe rium.at/madrid

Schweizer Botschaft Madrid
Núñez de Balboa 35, Edificio Goya, Tel. 914 36 39 60, www.eda.admin. ch/madrid

EINREISE

Personalausweis genügt. Bei der Einreise aus Deutschland, Österreich, Frankreich und anderen Schengen-Ländern findet normalerweise keine Passkontrolle statt.

www.marcopolo.de

Im Internet auf Reisen gehen

Mit über 10 000 Tipps zu den beliebtesten Reisezielen ist MARCO POLO auch im Internet vertreten. Sie wollen nach Paris, auf die Kanaren oder ins australische Outback? Per Mausklick erfahren Sie unter www.marcopolo.de Wissenswertes über Ihr Reiseziel. Zusätzlich zu den Informationen aus den Reiseführern bieten wir Ihnen online:

- das *Reise Journal* mit aktuellen News, Artikeln, Reportagen
- den *Reise Service* mit Routenplaner, Währungsrechner und Compact Guides
- den *Reise Markt* mit Angeboten unserer Partner rund um das Thema Urlaub

Es lohnt sich vorbeizuschauen: Wöchentlich aktualisiert, gibt es immer wieder Neues zu entdecken. Bleiben Sie auf dem Laufenden mit unserem E-Mail-Newsletter, den Sie kostenlos abonnieren können!

GESUNDHEIT

In Spanien gilt die Europäische Krankenversicherungskarte EHIC. Wer sichergehen will, schließt zusätzlich eine Reisekrankenversicherung ab. Lassen Sie sich zwecks Erstattung vom behandelnden Arzt die Rechnung (auch für Medikamente) detailgenau aufschlüsseln!

INTERNET

Allgemeine Website zu Spanien
Breites Informationsangebot, auch auf Deutsch: *www.spain.info*

Touristeninformation der Autonomien
- Andalusien *www.andalucia.org*
- Aragón *www.staragon.com*
- Asturien *www.infoasturias.com*
- Baskenland *www.turismopais vasco.com*
- Extremadura *www.extremadura.com*
- Galicien *www.turgalicia.es*
- Kastilien und León *www.jcyl.es*
- Kastilien-La Mancha *www.jccm.es*
- Katalonien *www.gencat.net*
- Kantabrien *http://turismo.cantabria.org*
- La Rioja *www.lariojaturismo.com*
- Madrid *www.descubremadrid.com*
- Murcia *www.murciaturistica.es*
- Navarra *www.navarra.es*
- València *www.comunitat valenciana.com*

INTERNETCAFÉS

In vielen Städten gibt es Internetcafés, die Adressen wechseln allerdings häufig, Infos unter *www.ciber-cafes.com*. Preise: meist 15 Min. für 50 Cent, 1 Std. 2 Euro.

Was kostet wie viel?

Imbiss	**ab 1 Euro** für eine kleine Tapa
Kaffee	**0,75–1,30 Euro** für einen *café solo*
Wein	**um 1 Euro** für ein Gläschen am Tresen
Museum	**3–4 Euro** für eine Eintrittskarte
Benzin	**um 1,10 Euro** für 1 l Super bleifrei
Busfahrt	**um 8 Euro** für 100 km Überlandfahrt

- Barcelona: *Ciber Time Station, Travessera de les Corts 316*
- Bilbo: *Ciberteca, José María Escuza 23*
- Madrid: *Ciberzonia, Paseo Muñoz Grandes 32*
- València: *València: CiberCafé, Cartagena 5*

MIETWAGEN

Die internationalen Autoverleiher haben Vertretungen an allen Flughäfen, in Städten und größeren Urlaubsorten. Für einen Mittelklassewagen müssen Sie inklusive Freikilometer etwa 50 bis 60 Euro pro Tag rechnen, Kleinwagen gibt es bei Privatanbietern günstigstenfalls ab ca. 30 Euro. Einige Reiseveranstalter bieten Flug- und Mietwagenpauschalen an. Damit fährt man mitunter wesentlich günstiger, als wenn man vor Ort alles selbst arrangiert. Angebote für Mietwagen finden Sie unter *www.marcopolo.de*.

NOTRUF

Landesweit *112*

ÖFFNUNGSZEITEN

In Spanien gibt es keine geregelten Ladenschlusszeiten. Überwiegend sind die Geschäfte Mo–Fr von 9.30 oder 10 bis 13.30 oder 14 und von 16.30 oder 17 bis 20 Uhr geöffnet, Sa mitunter nur vormittags.

POST

Normale Postgebühren: 53 Cent für internationale Briefe bis 20 g und Postkarten. Briefmarken gibt es auch in Tabakwarenläden *(estancos)*.

TELEFON & HANDY

Für Auslandsgespräche 00 und die Landeskennzahl wählen (Deutschland 49, Österreich 43, Schweiz 41), die Ortsvorwahl ohne die erste Null und dann die Telefonnummer eingeben. Vorwahl nach Spanien: 0034, dann direkt die Rufnummer.

Das eigene Handy lässt sich in Spanien problemlos benutzen. Vor Ort wählt es automatisch den frequenzstärksten Netzbetreiber aus – ohne Rücksicht auf den Preis. Am besten, Sie loten von zu Hause aus, welche Gesellschaft die günstigsten Tarife anbietet, und geben das ausgewählte Netz vor Ort ein.

TRINKGELD

Üblich sind in Bars und Restaurants fünf bis zehn Prozent, vorausgesetzt, Sie waren zufrieden.

ZOLL

Innerhalb der EU dürfen alle Waren für den persönlichen Verbrauch frei ein- und ausgeführt werden, u. a. 800 Zigaretten, 10 l Spirituosen, 90 l Wein. Für Schweizer gelten erheblich geringere Freimengen, u. a. 1 l Spirituosen, 2 l Wein, 200 Zigaretten.

Wetter in Madrid

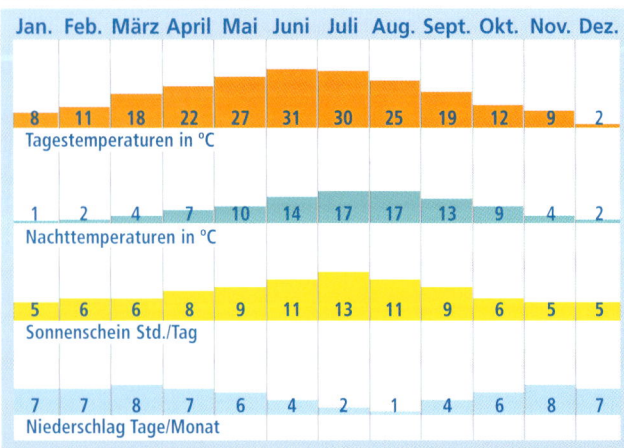

	Jan.	Feb.	März	April	Mai	Juni	Juli	Aug.	Sept.	Okt.	Nov.	Dez.
Tagestemperaturen in °C	8	11	18	22	27	31	30	25	19	12	9	2
Nachttemperaturen in °C	1	2	4	7	10	14	17	17	13	9	4	2
Sonnenschein Std./Tag	5	6	6	8	9	11	13	11	9	6	5	5
Niederschlag Tage/Monat	7	7	7	7	6	4	2	1	4	6	8	7

¿Hablas español?

»Sprichst du Spanisch?«
Dieser Sprachführer hilft Ihnen, die wichtigsten
Wörter und Sätze auf Spanisch zu sagen

Zur Erleichterung der Aussprache:	
c	vor »e« und »i« stimmloser Lispellaut stärker als engl. »th«
ch	stimmloses »tsch« wie in »tschüss«
g	vor »e, i« wie deutsches »ch« in »Bach«
gue, gui/que, qui	das »u« ist immer stumm, wie deutsches »g«/»k«
j	immer wie deutsches »ch« in »Bach«
ll, y	wie deutsches »j« zwischen Vokalen. Bsp.: Mallorca
ñ	wie »gn« in »Champagner«

AUF EINEN BLICK

Ja./Nein.	Sí./No.
Vielleicht.	Quizás./Tal vez.
In Ordnung./Einverstanden!	¡De acuerdo!/¡Está bien!
Bitte./Danke.	Por favor./Gracias.
Vielen Dank!	Muchas gracias.
Gern geschehen.	No hay de qué./De nada.
Entschuldigung!	¡Perdón!
Wie bitte?	¿Cómo dice/dices?
Ich verstehe Sie/dich nicht.	No le/la/te entiendo.
Ich spreche nur wenig …	Hablo sólo un poco de …
Können Sie mir bitte helfen?	¿Puede usted ayudarme, por favor?
Ich möchte …	Quiero …/Quisiera …/Me gustaría …
Das gefällt mir (nicht).	(No) me gusta.
Haben Sie …?	¿Tiene usted …?
Wie viel kostet es?	¿Cuánto cuesta?

KENNENLERNEN

Guten Morgen!	¡Buenos días!
Guten Tag!	¡Buenos días!/¡Buenas tardes!
Guten Abend!	¡Buenas tardes!/¡Buenas noches!
Hallo! Grüß dich!	¡Hola! ¿Qué tal?
Ich heiße …	Me llamo …
Wie ist Ihr Name, bitte?	¿Cómo se llama usted, por favor?
Wie geht es Ihnen/dir?	¿Cómo está usted?/¿Qué tal?

Danke. Und Ihnen/dir?	Bien, gracias. ¿Y usted/tú?
Auf Wiedersehen!	¡Adiós!
Tschüss!	¡Adiós!/¡Hasta luego!
Bis morgen!	¡Hasta mañana!

UNTERWEGS

Auskunft

links/rechts	a la izquierda/a la derecha
geradeaus	todo seguido/derecho
nah/weit	cerca/lejos
Wie weit ist das?	¿A qué distancia está?
an der Ampel	al semáforo
an der nächsten Ecke	en la primera esquina
Bitte, wo ist …	Perdón, ¿dónde está …
… der Busbahnhof?	… la estación de autobuses?
… die Haltestelle?	… la parada?
Fahrplan	horario
Eine Fahrkarte nach … bitte.	Un billete para …, por favor.
Ich möchte hier aussteigen.	Quiero bajar aquí.
Ich möchte … mieten.	Quisiera alquilar …
… ein Auto...	… un coche.
… ein Boot...	… un barco.

Panne

Ich habe eine Panne.	Tengo una avería.
Würden Sie mir bitte einen Abschleppwagen schicken?	¿Puede usted enviarme un cochegrúa, por favor?
Gibt es hier in der Nähe eine Werkstatt?	¿Hay algún taller por aquí cerca?

Tankstelle

Wo ist bitte die nächste Tankstelle?	¿Dónde está la gasolinera más cercana, por favor?
Ich möchte … Liter …	Quisiera … litros de …
… Normalbenzin.	… gasolina normal.
… Super./… Diesel.	… súper./… diesel.
Voll tanken, bitte.	Lleno, por favor.

Unfall

Hilfe!	¡Ayuda! / ¡Socorro!
Achtung!	¡Atención!
Rufen Sie bitte schnell …	Llame enseguida …
… einen Krankenwagen.	… una ambulancia.
… die Polizei.	… a la policía.
… die Feuerwehr.	… a los bomberos.

Haben Sie Verbandszeug?

¿Tiene usted botiquín de urgencia?

Es war meine Schuld.
Ha sido por mi culpa.

Es war Ihre Schuld.
Ha sido por su culpa.

Geben Sie mir bitte Ihren Namen und Ihre Anschrift.
¿Puede usted darme su nombre y dirección?

ESSEN/UNTERHALTUNG

Wo gibt es hier …
¿Dónde hay por aquí cerca …

  … ein gutes Restaurant?
  … un buen restaurante?

  … ein nicht zu teures Restaurant?
  … un restaurante no demasiado caro?

Reservieren Sie uns bitte für heute Abend einen Tisch für vier Personen.
¿Puede reservarnos para esta noche una mesa para cuatro personas?

Die Speisekarte, bitte.
La carta, por favor.

Könnte ich bitte … haben?
¡Tráigame…, por favor!

  … ein Messer?
  … un cuchillo?

  … eine Gabel?
  … un tenedor?

  … einen Löffel?
  … una cuchara?

Auf Ihr Wohl!
¡Salud!

Bezahlen, bitte.
¡La cuenta, por favor!

EINKAUFEN

Wo finde ich …
Por favor, ¿dónde hay …

  … eine Apotheke?
  … una farmacia?

  … eine Bäckerei?
  … una panadería?

  … ein Fotogeschäft?
  … una tienda de artículos fotográficos?

  … ein Einkaufszentrum?
  … un centro comercial?

  … ein Lebensmittelgeschäft?
  … una tienda de comestibles?

  … den Markt?
  … el mercado?

ÜBERNACHTEN

Können Sie mir bitte … empfehlen?
Perdón, señor/señora/señorita. ¿Podría usted recomendarme …

  … ein Hotel…
  … un hotel?

  … eine Pension…
  … una pensión?

Ich habe ein Zimmer reserviert.
He reservado una habitación.

Haben Sie noch …
¿Tienen ustedes …?

  … ein Einzelzimmer?
  … una habitación individual?

  … ein Zweibettzimmer?
  … una habitación doble?

  … mit Dusche/Bad?
  … con ducha/baño?

  … für eine Nacht?
  … para una noche?

... für eine Woche?   ... para una semana?
... ein ruhiges Zimmer?   ... una habitación tranquila?
Was kostet das Zimmer   ¿Cuánto cuesta la habitación
mit ...   con ...
    ... Frühstück?   ... desayuno?
    ... Halbpension?   ... media pensión?

PRAKTISCHE INFORMATIONEN

Arzt

Können Sie mir einen   ¿Puede usted indicarme un buen
guten Arzt empfehlen?   médico?
Ich habe hier Schmerzen.   Me duele aquí.
Ich habe ...   Tengo ...
    ... Kopfschmerzen.   ... dolor de cabeza.
    ... Zahnschmerzen.   ... dolor de muelas.
    ... Durchfall.   ... diarrea.
    ... Fieber.   ... fiebre.

Post

Was kostet ...   ¿Cuánto cuesta ...
    ... ein Brief ...   ... una carta ...
    ... eine Postkarte ...   ... una postal ...
    ... nach Deutschland?   ... para Alemania?
Eine Briefmarke, bitte.   Un sello, por favor.

ZAHLEN

0	cero	19	diecinueve
1	un, uno, una	20	veinte
2	dos	21	veintiuno, -a, veintiún
3	tres	22	veintidós
4	cuatro	30	treinta
5	cinco	40	cuarenta
6	seis	50	cincuenta
7	siete	60	sesenta
8	ocho	70	setenta
9	nueve	80	ochenta
10	diez	90	noventa
11	once	100	cien, ciento
12	doce	200	doscientos, -as
13	trece	1000	mil
14	catorce	2000	dos mil
15	quince	10000	diez mil
16	dieciséis		
17	diecisiete	1/2	medio
18	dieciocho	1/4	un cuarto

Reiseatlas Spanien

**Die Seiteneinteilung für den Reiseatlas finden Sie
auf dem hinteren Umschlag dieses Reiseführers**

Mit freundlicher Unterstützung von

Deutsch / English		Français / Nederlands
Autobahn, mehrspurige Straße - in Bau Highway, multilane divided road - under construction		Autoroute, route à plusieurs voies - en construction Autosnelweg, weg met meer rijstroken - in aanleg
Fernverkehrsstraße - in Bau Trunk road - under construction		Route à grande circulation - en construction Weg voor interlokaal verkeer - in aanleg
Hauptstraße Main road		Route principale Hoofdweg
Nebenstraße Secondary road		Route secondaire Overige verharde wegen
Fahrweg, Piste Practicable road, track		Chemin carrossable, piste Weg, piste
Straßennummerierung Road numbering	E20 11 70 26	Numérotage des routes Wegnummering
Entfernungen in Kilometer Distances in kilometers	130 **259** 129	Distances en kilomètres Afstand in kilometers
Höhe in Meter - Pass Height in meters - Pass	1365	Altitude en mètres - Col Hoogte in meters - Pas
Eisenbahn - Eisenbahnfähre Railway - Railway ferry		Chemin de fer - Ferry-boat Spoorweg - Spoorpont
Autofähre - Schifffahrtslinie Car ferry - Shipping route		Bac autos - Ligne maritime Autoveer - Scheepvaartlijn
Wichtiger internationaler Flughafen - Flughafen Major international airport - Airport		Aéroport important international - Aéroport Belangrijke internationale luchthaven - Luchthaven
Internationale Grenze - Provinzgrenze International boundary - Province boundary		Frontière internationale - Limite de Province Internationale grens - Provinciale grens
Unbestimmte Grenze Undefined boundary		Frontière d'Etat non définie Rijksgrens onbepaalt
Zeitzonengrenze Time zone boundary		Limite de fuseau horaire Tijdzone-grens
Hauptstadt eines souveränen Staates National capital	**STOCKHOLM**	Capitale nationale Hoofdstad van een souvereine staat
Hauptstadt eines Bundesstaates Federal capital	**Nancy**	Capitale d'un état fédéral Hoofdstad van een deelstaat
Sperrgebiet Restricted area		Zone interdite Verboden gebied
Nationalpark National park		Parc national Nationaal park
Antikes Baudenkmal Ancient monument		Monument antique Antiek monument
Sehenswertes Kulturdenkmal Interesting cultural monument	✳ *Chambord*	Monument culturel intéressant Bezienswaardig cultuurmonument
Sehenswertes Naturdenkmal Interesting natural monument	✳ *Gorges du Tarn*	Monument naturel intéressant Bezienswaardig natuurmonument
Brunnen Well		Puits Bron
Ausflüge & Touren Excursions & tours		Excursions & tours Uitstapjes & tours

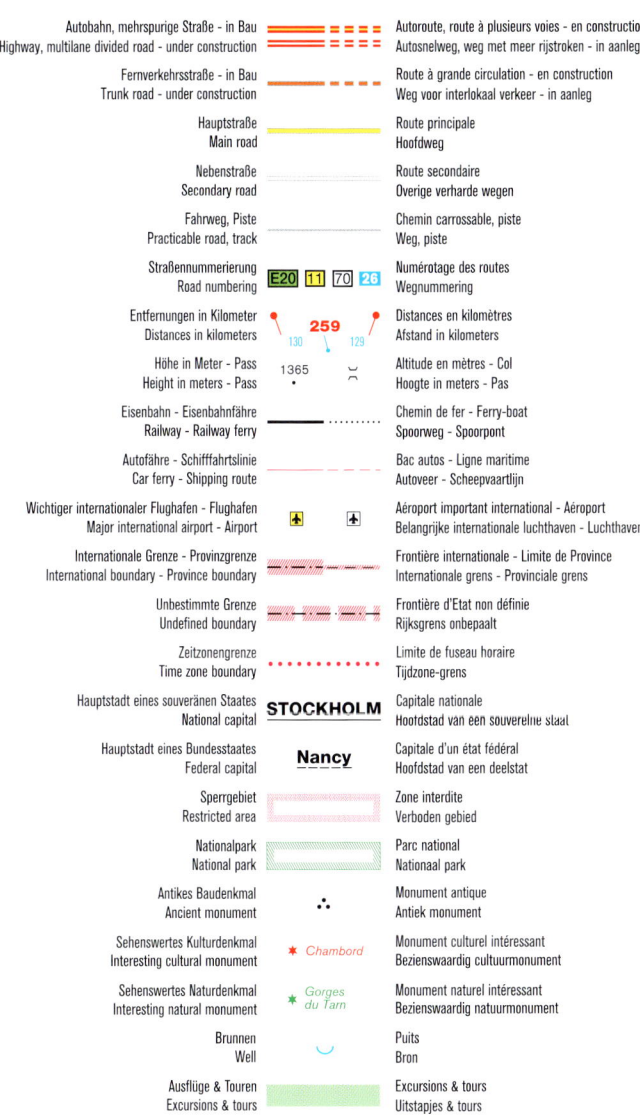

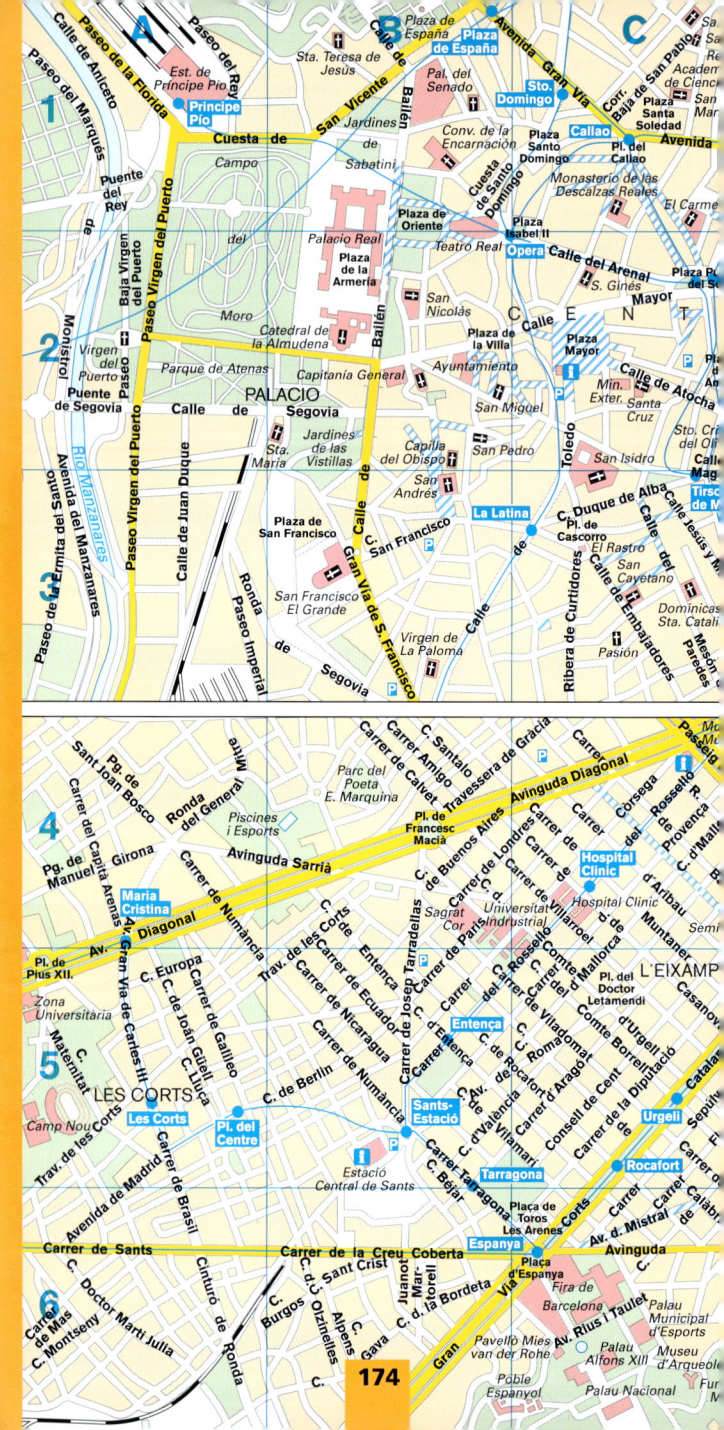

174

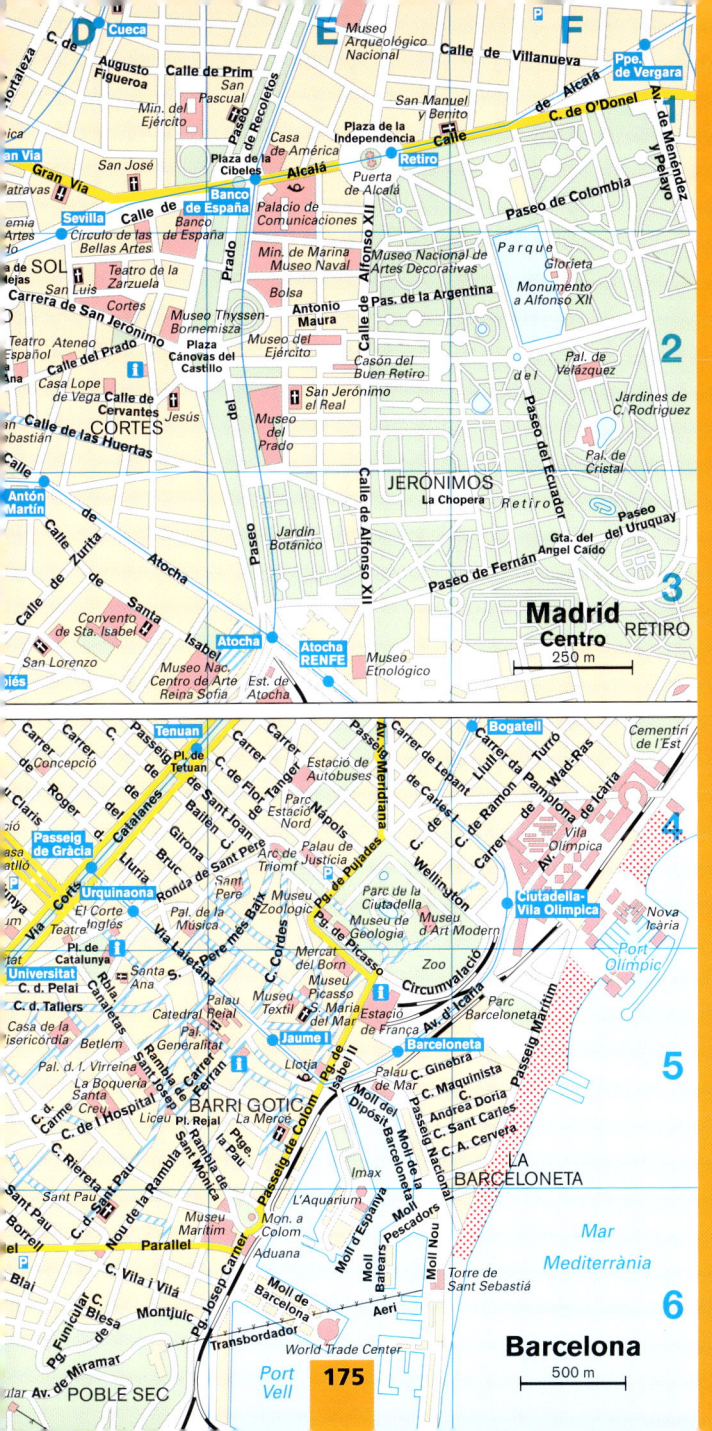

mehr sehen schon vor dem urlaub: hier zeigen wir ihnen alle vorteile von holiday autos.

als weltgrößter vermittler von ferienmietwagen
bieten wir ihnen mietwagen in über 80 urlaubsländern
zu äußerst attraktiven alles inklusive preisen.
und wenn wir von „alles inklusive" reden, dann meinen
wir das auch so. denn im preis von holiday autos
ist wirklich alles inbegriffen:

* vollkaskoversicherung ohne selbstbeteiligung
  im schadensfall
* kfz-diebstahlversicherung ohne selbstbeteiligung
* erhöhte haftpflichtdeckungssumme
* unbegrenzte kilometer
* alle lokalen steuern
* flughafenbereitstellung
* flughafengebühren

buchen sie gleich in ihrem reisebüro,
unter www.holidayautos.de oder
telefonisch unter 0180 5 17 91 91 (12 ct/min)

kein urlaub ohne
holiday
autos

Im Register sind alle in diesem Führer erwähnten Orte und Ausflugsziele verzeichnet. Halbfette Seitenzahlen verweisen auf den Haupteintrag, kursive auf ein Foto.

REGISTER

Schreiben Sie uns!

Liebe Leserin, lieber Leser,

wir setzen alles daran, Ihnen möglichst aktuelle Informationen mit auf die Reise zu geben. Dennoch schleichen sich manchmal Fehler ein – trotz gründlicher Recherche unserer Autoren/innen. Sie haben sicherlich Verständnis, dass der Verlag dafür keine Haftung übernehmen kann. Wir freuen uns aber, wenn Sie uns schreiben.

Senden Sie Ihre Post an die MARCO POLO Redaktion, MAIRDUMONT, Postfach 31 51, 73751 Ostfildern, info@marcopolo.de

Impressum

Titelbild: Flamencotänzer (Huber: Schmid)
Fotos: O. Baumli (2 o.); A. Drouve (29, 70); Feldhoff & Martin (80, 122, 123, 136); R. Freyer (82); R. M. Gill (6, 42, 56, 68, 86, 89, 103, 141, 143); HB Verlag: Gonzalez (124), Huber (106), Renckhoff (26, 40, 50); Huber: Gräfenhain (1), Schmid (161); R. Irek (96, 117); laif: Celentano (105), Gonzalez (2 u., 5 r., 19, 28, 30, 33, 35, 52, 53, 66, 94, 109, 113, 138, 147), Heuer (20, 119), Huber (7), Tophoven (11, 126, 144); Mauritius: Richter (114); D. Renckhoff (17, 63, 128, 130); T. Stankiewicz (22, 24, 75, 78, 133); White Star: Gumm (U. l., U. M., U. r., 9, 38, 44, 48, 87, 95, 110, 121, 148, 152), Schiefer (5 l., 46), Steinert (4, 12, 14, 27, 32, 37, 41, 54, 58, 61, 65, 101, 151); T. P. Widmann (74, 93, 134)

1. (11.), komplett neu erstellte Auflage 2006 © MAIRDUMONT, Ostfildern
Herausgeber: Ferdinand Ranft, Chefredakteurin: Marion Zorn
Redaktion: Nikolai Michaelis, Bildredaktion: Gabriele Forst
Kartografie Reiseatlas: © MAIRDUMONT/RV Verlag, Ostfildern
Vermarktung: MAIRDUMONT MEDIA, media@mairdumont.com, Gestaltung: red.sign, Stuttgart
Sprachführer: in Zusammenarbeit mit Ernst Klett Sprachen GmbH, Stuttgart, Redaktion PONS Wörterbücher
Das Werk einschließlich aller seiner Teile ist urheberrechtlich geschützt. Jede urheberrechtsrelevante Verwertung ist ohne Zustimmung des Verlages unzulässig und strafbar. Das gilt insbesondere für Vervielfältigungen, Übersetzungen, Nachahmungen, Mikroverfilmungen und die Einspeicherung und Verarbeitung in elektronischen Systemen.
Printed in Germany. Gedruckt auf 100% chlorfrei gebleichtem Papier

Bloß nicht!

Auch in Spanien muss man – wie in allen Reiseländern – ein paar Spielregeln und Vorsichtsmaßnahmen beachten

Lärmempfindlich sein

Typisch südländisch, dass es in Spanien laut zugeht. Armadas an Mofas knattern durch die Gassen, in den Kneipen dröhnen die Fernseher, aus Spielhallen schwappen die Schallwellen, Plätze erbeben unter fröhlichem Palaver, Open-Air-Konzerte beginnen kurz vor Mitternacht – und zur selben Zeit rumpeln die Müllwagen durch die Altstädte. Unter den Einheimischen stört das kaum jemanden. Wer als Auswärtiger Ruhe sucht, sollte mit besonderer Bedacht sein Hotelzimmer auswählen. Faustregel: weit oben und nach hinten heraus.

Auf Verkehrsregeln verlassen

Regeln sind eine Sache, ihre Einhaltung eine andere. Wer als Fußgänger bei Grün oder über den Zebrastreifen geht, sollte sich vergewissern, dass wirklich kein Fahrzeug kommt bzw. dass die Fahrer willig sind anzuhalten. Spanische Steuerhalter, speziell Taxi- und Busfahrer, zeigen sich vielfach respektlos und scheren sich wenig um Zebrastreifen oder rote Ampeln. Seien Sie stets auf der Hut!

Auf Profibettler hereinfallen

In größeren Städten sitzen vor Kirchenportalen oft ärmliche Gestalten, Straßenmusiker sehen bedauernswert aus – doch das ist oft nur Show. Nach »Dienstschluss« zieht man das Handy hervor und setzt sich ins nahebei geparkte Auto.

Das Kleingedruckte übersehen

Auf Speisekarten in Restaurants und in Preisaushängen von Hotels steht oft ganz klein zu lesen »IVA no incluido«. Will heißen: IVA, die Abkürzung der spanischen Mehrwertsteuer, ist hier nicht inbegriffen. Dies passiert in Spanien häufig. In Restaurants und Hotels bezahlt man sieben Prozent IVA zusätzlich, ansonsten 16 Prozent. Gelegentlich ist die Mehrwertsteuer jedoch eingeschlossen, dann heißt es »IVA incluido«. Wenn Sie unsicher sind, fragen Sie am besten vorher.

Allzu hölzern wirken

Statt eines eher förmlichen Händedrucks begrüßen sich in Spanien Mann und Frau bzw. Frau und Frau mit zwei Wangenküssen, einmal rechts, einmal links. Hier gilt die Regel: einfach mitküssen! Außerdem pflegt man sich in Spanien, jedenfalls unter Gleichaltrigen, häufig sofort zu duzen, also *tú* statt das vielleicht aus Lehrbüchern bekannte *Usted* (»Sie«). Diesen lockeren Landessitten sollten Sie sich nicht verschließen.